JN313347

続 暮らしを美しくするコツ609

暮しの手帖

暮しの手帖社

装画・挿画
谷山彩子
ブックデザイン
なかよし図工室

ここにならんでいる
暮らしのコツのあれこれは、
あなたの毎日を、
より健やかに、
美しくしてくれます。
このなかのどれかひとつからでも
試してみましょう。

目次

まえがき　5
第一章　台所仕事１００のコツ　7
第二章　省エネ生活１００のコツ　39
第三章　冷凍・解凍１００のコツ　73
第四章　手芸・裁縫１００のコツ　105
第五章　美肌１００のコツ　143
第六章　育児・しつけ１００のコツ　171
あとがきにかえて　202

まえがき

美しい暮らしとは、どんな暮らしなのだろうか。と、ふと思うのです。

暮らしとは、毎日のことで、楽しいこと、つらいこと、うれしいこと、かなしいこと、夢や希望を抱いたり、反面いろいろなことがいやになったりと、どんな人にも、そういう、その人にしかわからないいろいろなことがある。そして毎日、それぞれの出来る限りで歩み、乗り越え、時には転び、立ち止まり、また歩く、の繰り返しで一生けんめいかと思います。ひとつ言えるのは、そういういろいろなこと、どんなことにも、必ず人間的なあたたかさがある。そのあたたかさこそが、暮らしの美しさである。美しい暮らしとは、色やかたちのように目に見えるものではないと思うのです。

『暮しの手帖』が、読者のみなさまに毎号お伝えしたいことのひとつに、「あたりまえの価値」があります。それは、普段、身近であるがゆえ、あまり考えなかったり、おろそかにしてしまっているような、いわばベーシックなこと。もっと言うと、当然、出来ていたり、知っているつもりのいろいろなこと。けれども、そのあたりまえなことこそを、毎日の暮らしの中で磨いていこう、もっと学んでゆこう、昨日よりも今日ほんの少しでもいいから輝かせよう、という喜びを、みなさまと分かち合ってゆきたいのです。変わるのを求めたり、変わるのを待つのではなく、変わるのはいつも自分。そういうすなおな心もちで、あたりまえなことを磨いていきましょう。

暮しの手帖編集長　松浦弥太郎

第一章　台所仕事１００のコツ

文　松浦弥太郎

母を思うと、腰にエプロンを巻いて台所に立つ姿しか思いつかない。昼間は外に仕事を持っていたから、夕方、家に戻るとすぐに台所に立ち、朝は誰よりも早く起きて台所仕事をした。母はてきぱき動きながら、今日あったことや、愚痴のようなことや、家族の誰かを叱ったりと、いつも何かをしゃべっていて、我が家の小さな台所は、まるで母の一人舞台のようで賑やかだった。日々一番疲れているはずの母なのに、家族の誰よりも元気だったことが、子ども心にも不思議に思った。そして、おかあさん、すごいなあ、といつも思った。

そんなふうに忙しくしていた母が大切にしていたものがある。それは四角くて小さなドイツ製のアラーム時計である。アラームを使うわけではないが、サイコロのようなかたちがどこに置いてもおさまりが良く、母の丁度、目線の高さにある、台所の棚にいつも置かれていた。母は台所仕事をしながら、その小さなアラーム時計の時間を見ては、早く学校に行きなさい、とか、あと十分、あと五分とか、声にして、家族と自分のいろいろな段取りに気を配った。今思えば、そのアラーム時計は、母にとって無くてはならないものであったが、それは家族にとっても同じだった（そういえば、母が腕時計をしたところは見たことない）。

そんなふうだから、大人になり、自分で暮らしを立てたとき、台所のどこかに時計が置かれていないとしっくりこなかった。鍋よりもフライパンよりも先に、母が愛用していたアラーム時計と同じものを探して回った私であった。

料理、後片づけ、掃除、収納など
台所仕事は、毎日の仕事です。
毎日のことですから、楽しみましょう。
知っておくと役に立つ
台所仕事のコツをまとめました。

後片づけのコツ

次の食事の準備も
スムーズにできる
後片づけのコツを
まとめました。
環境への配慮も大切です。

《001》

台所仕事のあれもこれも完璧にやろうと思うと、時間がかかり、面倒になってしまいます。まずは、好きなことや興味のあることから、始めましょう。得意な台所仕事が増えると、楽しみが増えます。

《002》

料理をしながら片づけるものと、食後に片づけるものを分けて考えましょう。鍋やフライパン、ボールやザルなど調理中に使ったものは、調理中に片づけるのが理想です。食後に洗うのは、食器だけにします。

《003》

食器洗いは、食後30分以内に済ませましょう。時間がたてばたつほど、汚れはこびりつき、落ちにくくなっていきます。

《004》

家族が多く、使う食器の種類や枚数が多いと、食器を洗うために流している水の量が多くなるものです。洗い桶を使って、水の節約をしましょう。ただし、洗い桶はそれ専用で用意すると場所をとり、使わないときの置き場所にも困ります。普段から使っている大きめのボールで代用しましょう。

《005》

洗い桶に入れる前に、皿についた油や汁気をゴムベラ、不要になった布や紙でしっかり落とします。ご飯粒や納豆のように、汚れが落ちにくいものは、他の食器を洗い桶の中で洗っている間、桶の外で水に浸けておきましょう。汚れが落ちやすくなります。

《006》

油物を盛りつけた皿は、弱アルカリ性の洗剤をつけたスポンジで洗います。それ以外の食器は、洗剤を使わなくても、洗い桶の中でスポンジでこすれば、汚れは落ちます。調理中に使った鍋やボール、庖丁などを洗うときも同様です。

《007》

スポンジは雑菌の温床です。乾きやすい素材のものを、しっかり乾燥させてから使います。水分が残った状態で放置すると雑菌が繁殖します。スポンジは2〜3個用意して、使ったものを干しながら、ローテーションで使うといいでしょう。

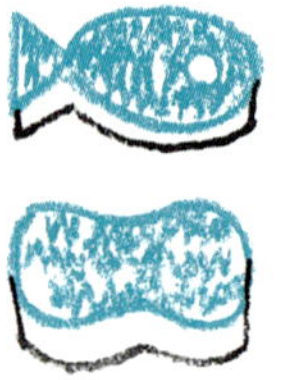

《008》

網タワシ（魚網の構造に編まれたもの）と、サランタワシ（サランという合成繊維の網でスポンジを包んだもの）は乾きやすいのでおすすめ。鉄製のフライパンは、亀の子たわしや、割いた竹や細い木を束ねて作られた洗浄器具〝ささら〟が便利です。

《009》

洗い物用スポンジの交換どきの見極めポイントは弾力です。手でスポンジをギュッと握って反発を感じなくなったら、新しいものと交換しましょう。古くなったスポンジは、シンクやガスコンロの掃除に使います。

《010》

水きりカゴは、水垢がつきやすいので、掃除が大変です。洗い桶として使ったボールに、ザルを重ねて代用しましょう。食器が少ない場合には、フキンや吸水スポンジマットの上にふせておけば、水きりができます。

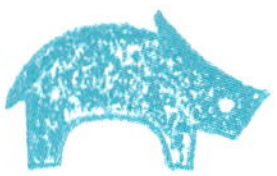

《011》

食器洗い後、2～3時間後には、あらかたの水分はきれています。フキンで拭いてから、器を片づけましょう。次の食事で使う食器は片づけずに、食卓などに出しておけば、食器を出し入れする手間がひとつ減ります。水きりカゴ代わりに使ったボールとザルは、料理中、下ごしらえで使います。

《012》

ガラス製品は磨かないとくすみます。磨くには、麻布かファイバークロスがいいでしょう。ファイバークロスはマイクロファイバー素材でできたクロスのことで、掃除道具としても、フキンとしても使えて便利です。

《013》

フキンは、食器用フキン、台ブキンで使い分けましょう。水分の吸収力が高く、乾きやすい素材を選びます。雑菌が繁殖しやすいので、衛生面には注意が必要です。

《014》
乾きやすい素材のひとつがマイクロファイバーです。使った後に石鹸などで洗い、干しておけば、次の食事の後片づけをするときには乾いています。乾くのが早いと、交換用のふきんを何枚も持つ必要がなくなり、収納問題も解決します。

《015》
湿ったままで放置したフキンを、次の食事の後片づけでも使うのはやめましょう。フキンを替えて、乾いたものを使います。一度使ったフキンは、洗濯を忘れずに。定期的に煮沸消毒をするとより衛生的です。

《016》
フキンにしょう油やケチャップなどのシミが付いてしまったら、洗濯機に入れる前に酢につけ、揉み洗いしましょう。ぬるま湯1ℓに酢大サジ5杯、塩小サジ1杯がめやす。除菌効果もあります。

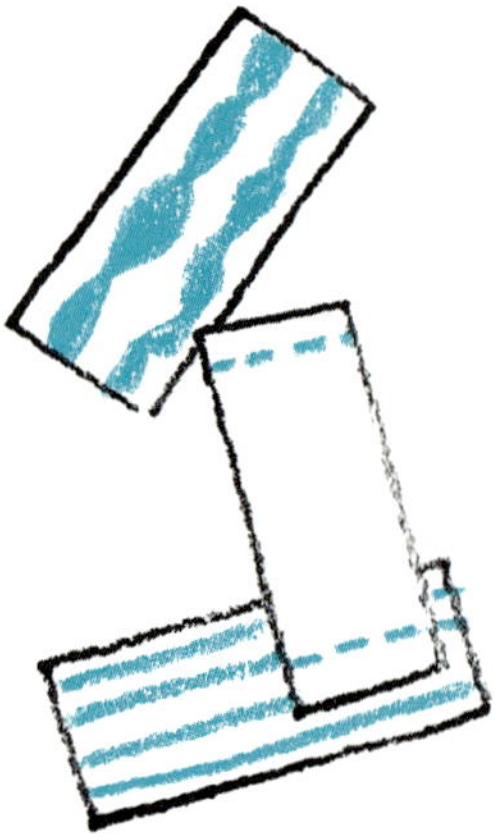

《017》
スポンジだけではなく、ブラシ状の洗浄器具をひとつ持っていると重宝します。ハンドミキサーややかんなど、洗いにくい形状のものを洗うのにぴったりです。

《018》
茶渋は、うっすらと付着した程度なら、麻布などの織りのしっかりした固い布でこすって落とします。こびりつくと落ちにくくなるので、こまめにこすり落としましょう。

《019》
揚げ油を処分するときは、少し温度が下がってきたら、鍋に新聞紙や広告、布を入れて一日おき、油を吸収させましょう。一度で吸収しきれなければ、油を吸った紙や布を一度捨てて、新しいものを入れ、油がすっかりなくなるまで吸収させます。このときに、油が冷えきっていると吸収が悪くなるので、その場合は少し油を温めてください。すっかり油がなくなってから洗えば、少量の洗剤で汚れを落とすことができます。

《020》
プラスチック製保存容器についたにおいの原因は、使用中にできたキズに入り込んだ汚れです。においが気になったら、消毒用エタノールを吹きかけましょう。

《021》

消毒用エタノールは、後片づけや、ゴミ処理のほか、掃除にも大活躍します。スプレー式の容器に移し替え、シンク周りに、スポンジや洗剤と一緒に置いておきましょう。

《022》

プラスチック製の保存容器は、使ううちに透明な部分がくすんできます。これは汚れではなく、プラスチックの劣化によるもの。思い切って買い替えましょう。

《023》

ミキサーやフードプロセッサーなどの刃が付いた調理器具は、洗いにくく、怪我をする危険性もあります。使った後に、水を入れて回せば、刃についた汚れも落とすことができます。

《024》

スポンジと同じくらい雑菌が繁殖しやすいまな板は、洗った後にしっかり乾かしてから、消毒用エタノールを吹きかけましょう。とくに木製のまな板はしっかり乾くまでにとても時間がかかるので、プラスチック製のまな板と併用して、衛生的に使うよう心がけます。

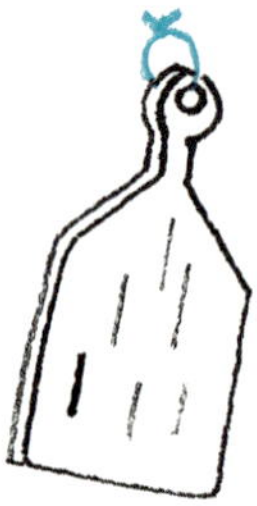

《025》

プラスチック製のまな板は、キズに注意しましょう。キズに雑菌がたまりやすくなっているので、歯ブラシで汚れを落とします。大きなキズがついたり、茶色く変色してきたら、新しいものと交換します。

《026》

意外と忘れがちなのが、菜箸のでこぼこした部分です。しっかり洗ったつもりでも、溝に汚れが残っていることがよくあります。歯ブラシなどを使って、汚れを落としましょう。

《027》

鍋やレンジ周りの、ちょっとした焦げやさびは、使い終わったアルミホイルを丸めてこすると落ちる場合も。ただし、ステンレスには使えないので注意してください。

《028》

鍋にこびりついてしまった焦げは、地道にこすり落とすしかありません。お湯にしばらく浸けて、焦げをゆるませてから、ステンレスならステンレス用のスポンジ、アルミ・鉄ならスチールウールでこすり落としましょう。

ゴミ出しのコツ

台所で料理をすれば
必ず出てしまう、ゴミ。
ゴミと上手に
付き合うための
コツをまとめました。

《029》

ゴミの量は、家族の人数、料理を作る回数などによって、大きく変わるものです。またゴミの回収頻度、分別方法は地域によって異なります。自分の暮らしにあったゴミ出しのサイクルを見つけましょう。

《030》

生ゴミ用の三角コーナーを使うのをやめましょう。三角コーナーに捨てると、調理中や洗い物をするときに、ゴミはどうしても水にぬれてしまいます。生ゴミは、水にぬれる→酸素に触れ雑菌が繁殖して腐る→においが出て虫が寄ってくる、のです。

《031》

野菜は、皮やヘタなどを切り落としてから、水洗いします。ゴミになる部分を水にぬらさずに、捨てることができます。切り落とした部分は、不要な紙などにくるんでゴミ箱に入れましょう。

《032》

果物の種のまわり、芯の部分は、におい発生の意外な盲点。それ自体が水分が多く、栄養分が高いので、腐りやすいのです。水気をきり、ポリ袋に入れて捨てましょう。

《033》

排水口のストレーナー（ゴミ受け皿）にたまるゴミは、水ぬれを避けることができません。不要な紙などでしっかり水気をきってから捨てましょう。消毒用エタノールを吹きかければ、におい防止になります。

《034》

魚の内臓などは、魚屋やスーパーマーケットで買うときに、できるだけ取ってもらいましょう。腐りやすいものを家にゴミとして持ち込まない工夫も必要です。

《035》

魚の内臓のような腐りやすいゴミを、家で捨てる場合には、不要な紙にくるんで水気をきり、消毒用エタノールを吹きかけて、ポリ袋に入れます。袋の口をしっかり締めてから捨てましょう。

《036》
生ゴミを冷凍するのもひとつの方法です。もともとは食材の一部だったので、汚いものではありません。ポリ袋に入れて、冷凍してしまえば、腐敗が起きません。

《037》
台所に置くゴミ箱の数は、地域ごとの分別方法にもよりますが、可燃ゴミ、不燃ゴミ、資源ゴミの3つが基本です。生ゴミを入れる可燃ゴミ用のゴミ箱は、ふた付きのものにすれば、においがもれません。

《038》
ゴミをため込みがちな人は、小さめのゴミ箱を使うのもひとつの方法です。すぐにいっぱいになるので、こまめに捨てる習慣が身につきます。とくに、夏場は生ゴミが腐りやすいので、効果的です。

《039》
ゴミ箱は、こまめに掃除します。可燃ゴミのふたの内側は、ゴミに直接触れることが多いので、においの発生源になります。消毒用エタノールを吹きかければ、完璧です。

《040》
可燃ゴミ用のゴミ箱がふた付きでない場合には、上から重曹を振りかけると、においを防ぐことができます。

《０４１》

排水口のストレーナーから流れ出した小さなゴミは、排水口の汚れやにおいの原因になります。市販のストレーナー用のネットを買わなくても、古くなったストッキングを切ったもので代用できます。

《０４２》

肉や魚などの生ものが入っていた容器やトレイは、水洗いをした後にしっかり乾燥させてから、捨てましょう。このひと手間が、雑菌の繁殖とにおいの予防につながります。

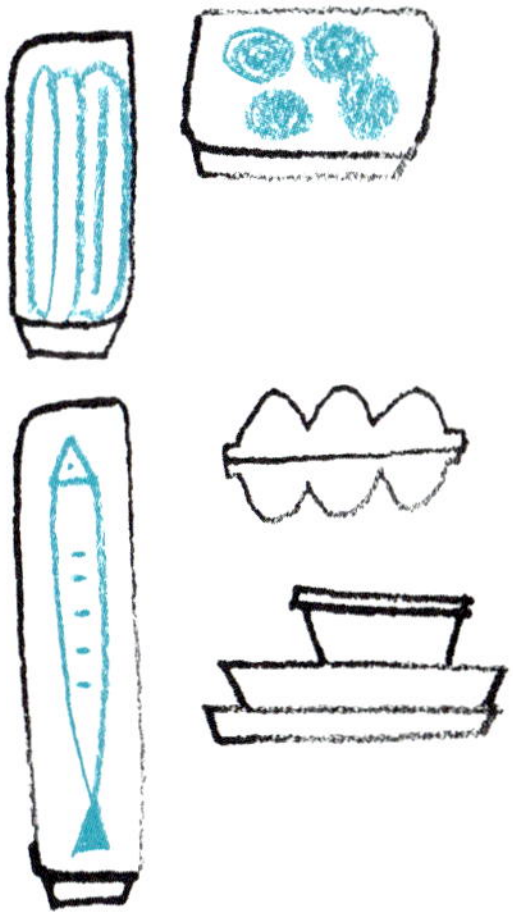

《０４３》

玉子や肉、魚などの容器は、それを捨てる頻度や、たまった量などによって捨て方が変わります。スーパーなどにあるリサイクルＢＯＸに容器を持っていく回数や、資源ゴミの回収の頻度が少ない場合は、容器をはさみなどで細かく切って、かさを減らしましょう。こまめにリサイクルＢＯＸに持っていく人、プラスチック製のゴミがそもそも少ない人などは、手間をかけて、かさを減らす必要はありません。

収納のコツ

家の中で、
ものが多いわりには狭い台所。
収納の基本を知って
使いやすく、
自分らしい台所を
作りましょう。

《044》

収納は、ものの体積が問題になります。まずは、食器棚やシンク下の収納スペース、冷蔵庫の中などにあるものを出して、入っているものを把握しましょう。入っていたものの体積は、その場所に、どのくらいの量が収納可能かを見極める指針になります。

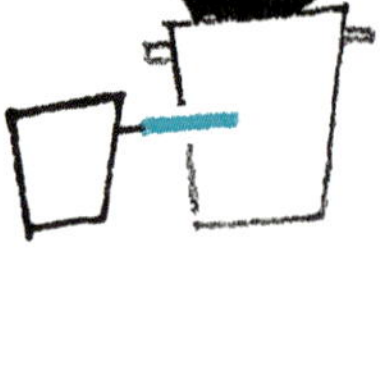

《045》

次は自分の暮らしを見つめ直してみましょう。家族の人数や子どもの有無、作る料理の種類や回数などによって、必要なものは変わります。使用頻度の低いもの、生活の変化で不要になったもの（子どもが大きくなったのに哺乳ビンがあるなど）は処分も検討します。

《046》

今の暮らしに必要なものを見極めたら、どこに何を置くかを考えます。そのときに大切なのが、台所仕事をする際の「動線」です。動線と収納がかみ合っていないと、無駄な動きが増える原因になります。ガスコンロ、作業台、シンクの位置を確認し、台所に立っている自分の姿を思い浮かべましょう。どこに何があれば便利かが、見えてきます。

《047》

コンロの近くには、調理中によく使うものを置きましょう。油や、塩、コショー、しょう油などの調味料や、フライ返し、菜箸、おたまなどの調理道具を置くと、とても便利です。

《048》

コンロの下には、炒め料理や揚げ物など、水を注がずに使うことが多いフライパンや中華鍋を収納しましょう。コンロ周りに置いた調味料のストックも、ガスコンロの下に入れておくと効率的です。ただし、急激な温度変化に弱い、しょう油やお米、パスタなどの収納には不向きです。

《049》

フライパンの収納は縦置きが基本です。雑貨店などで市販されている書類ホルダーに入れると、フライパンが倒れることなく、縦に置くことができて便利です。大きさ違いのフライパンを横置きで重ねている場合、下の方にあるフライパンは、出番が少なく、実は不要なこともあります。もしそうなら、使っていないフライパンは処分しましょう。

《050》

シンクの下は湿気がたまりやすく、カビも気になる場所なので、食材の収納には向きません。後片づけに使う洗剤やスポンジ類、ラップやアルミホイル類などの収納に最適です。

《051》

シンクの下が収納スペースになっている台所も多いものです。水や後片づけに関連するものを収納するのに向いています。たとえば、やかんや鍋などがシンク下にあれば、取り出してすぐに水を入れることができるので、無駄な動きをする必要がなくなります。

《052》

鍋は、直径の大きなものの上に小さなものを重ねて収納するのが一般的です。ただし、この方法で収納すると、使用頻度の高い大きな鍋が下の方になり、取り出しにくくなることがあります。あまり出番のない鍋は処分しましょう。

《053》

シンクの周りに置くのは、後片づけに使う、スポンジや洗剤、ブラシ類と、まな板くらいにとどめましょう。シンクは毎日掃除をするべき場所なので、ものが多いと掃除の邪魔になります。それが、台所仕事を面倒に感じてしまう原因になるのです。

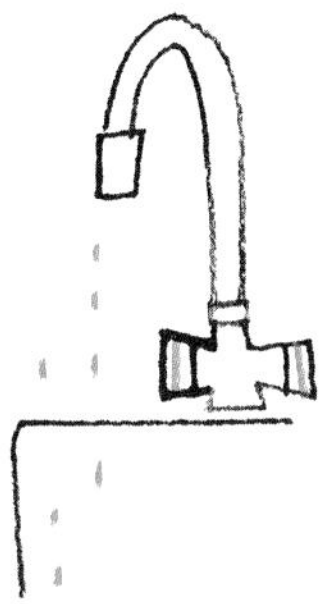

《054》

ストック庫を作って、シンクの下やガスコンロの下にしまうことができない食料品や調味料を収納しましょう。食材のストックを1カ所にまとめると、在庫があるのに買ってしまう失敗を防ぐことができます。

《055》

ストック庫は、食器棚の一番下のスペースもしくは調理台の作業スペースの下で、なるべく冷蔵庫に近い場所にします。冷蔵庫の中の在庫と、ストック庫を両方見ながら献立を考えることができるので、買い物の無駄が省けます。

《056》

調味料の収納は、調味料を2つのタイプに分けて考えましょう。よく使うもの（どんな料理を作ることが多いかによりますが、しょう油、みりん、サラダ油など）はコンロの周りに置きます。

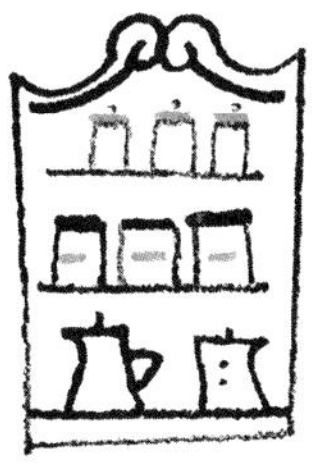

《057》

あまり使わない調味料（スパイス類など）は、冷蔵庫の中にまとめておく場所を作るといいでしょう。そして、レシピ本を見て作った料理で、一度しか使わなかった調味料がないかを、こまめにチェックしてください。一年間、まったく使っていない調味料があったら処分します。

《058》

収納上手への近道は、買い物上手になることです。お買い得商品だったからなどの理由で、不必要なものや、たくさん量が入った商品を買っていませんか？　家族の人数によっては、大量に入った業務用パックよりも、少しの量が個別に包装された商品のほうが、無駄なく使いきれることがあります。余分な買い物が増えると、ゴミが増える原因にもなります。

《059》

台所にものが多いと、調理の邪魔になるだけではなく、掃除のときに、置いてあるものをどかす、という手間がかかります。必要なもの以外は、なるべくものを置かないようにしましょう。とくに、作業台は、下ごしらえに使うボールを置いたり、料理の盛りつけをしたりと、使える場所が広いほうが効率的です。

《060》

収納の基本は、手の届く範囲（高さ）に、よく使うものを置くことです。踏み台を使わなくては届かない上の方や、しゃがみこまなくてはならない下の段には、使用頻度の低いものを収納しましょう。

《061》

いつも使う食器は、食器棚にしまわずに、カゴなどに入れて「見せる収納」をするのも一つの方法です。料理や後片づけのたびに出し入れをする手間がなくなります。

《062》

食器棚などに皿を重ねて収納すると、それより上にものを置くことができない空きスペースができてしまうものです。最近では、空きスペースを有効に使うためのさまざまな便利グッズが市販されています。お手持ちの食器棚や、収納スペースのサイズに合わせて、便利グッズを探し、使ってみるのもいいでしょう。

《063》
空いたスペースを有効に使おうと、あれもこれもと詰め込んでしまうと、かえってどこに何があるのか分からなくなってしまいます。あえてスペースを作ることも大切です。収納スペースの7〜8割にものが置かれている状態を目安にしましょう。

《064》
料理にまつわるさまざまな便利グッズが売られているので、つい不要なものを買ってしまったという方も多いと思います。買う前に、本当にそれが必要か考えましょう。買う他の調理道具で代用できることも多いものです。

《065》
鍋のふたも、収納に困る台所道具のひとつです。フライパンと同様に、書類ホルダーなどを使って縦置きにすると、すっきりと収納できます。

《066》
鍋やフライパンは直径が同じものも多いので、ふたは数を増やしすぎず、兼用できるものを選びましょう。

《067》
調理道具やフライパンなどを吊るす「見せる収納」は、よく使うものだけに限定しましょう。料理中は、広範囲に油が飛び散っています。普段あまり使わないものを吊り下げておくと、洗う頻度が少ないため、日に日に油で汚れてしまいます。

《068》

台所の床にものを置かないようにします。台所の床は、他の部屋のどの床よりも汚れやすいものです。掃除の邪魔になります。

《069》

他の人の台所を参考にして、いろいろな便利グッズやアイデアを試してみましょう。試すことを楽しみながら、自分の台所にぴったりの収納方法を見つけましょう。

《070》

コンビニエンスストアやスーパーマーケットで買い物をしたときにもらうビニール袋は、生ゴミをまとめるときなどに使えるので、台所にあると便利です。ただしため込み過ぎは禁物。手元に置いておく数を決めて、それ以上はもらわないよう、管理しましょう。

《071》

来客が多いかどうかをめやすに、食器の数を見直してみましょう。来客が少ないのであれば、家族の人数を基本に、最低限の食器を持っていれば間に合います。来客がたびたびあっても、5人、6人の大勢でお客さまがくることはあまりないもの。引き出物やセット買いした食器が不要なら処分しましょう。

掃除のコツ

台所がきれいだと
日々の台所仕事が
楽しくなります。
頑固な汚れもしっかり落とす
掃除のコツをご紹介します。

《072》

一年に一度の大掃除で、台所のすみずみまで、いっぺんにまとめてきれいにする、という考え方をやめましょう。こびりついた汚れを落とすのは、至難の業です。手間と時間がかかればかかるほど、面倒になってしまいます。毎日行う食事の後片づけのとき、もしくは汚れに気づいたときこそ、絶好の掃除タイムです。

《073》

汚れをチェックする習慣をつけましょう。シンクやガス台など汚れが分かりやすいところだけではなく、冷蔵庫の扉の内側にある収納スペースや食器棚の引き出しの中など、汚れが目立たないところも、気にかけてください。

《074》

汚れの程度が大きくなればなるほど、落とすために洗浄力の強い洗剤が必要になります。環境への負担を考えると、なるべく洗剤は使いたくないものです。そのためにも、汚れがこびりついてしまう前に、毎日の掃除で、落とせる汚れは落としましょう。

《075》

冷蔵庫の中は、食中毒予防など衛生面を考えて、こまめに掃除をしたいものです。とくに野菜室は汚れやすい場所。こまめに汚れをチェックして、汚れが気になったら掃除をしましょう。

《076》

冷蔵庫内全体を一度で掃除しようとすると、時間も手間もかかります。冷蔵庫の在庫をチェックするときに、液だれに気づいたら、そのスペース（段）だけでいいので掃除しましょう。こまめに掃除をしていれば、お湯でぬらした布で拭くだけで、充分に汚れは落ちます。仕上げに、乾いた布に消毒用エタノールをつけて、さっと拭きましょう。

《077》

食器棚は、掃除を忘れがちな場所です。汚れや水垢はありませんが、意外とほこりがたまっているもの。「今日はこの段だけ」「明日は、あの引き出しを」と、こまめに掃除をすると、料理も後片づけも気持ちよくすることができます。

《078》

コンロの周りは、食器洗いをしたその後に、はねた油や吹きこぼれの水滴をファイバークロスで拭きましょう。毎日の小さな手間で、大掃除が必要ないくらい、きれいな状態が保てます。

《079》

コンロは油汚れだけではなく、使うたびに焦げがこびりついていきます。たとえ毎日掃除をしていても、新品同様の状態を維持するのは難しいものです。油汚れがきちんと落ちれば問題ないので、あまり神経質になりすぎないようにしましょう。

《080》

ガスコンロ周りに汚れがこびりついてしまったら、とりはずした五徳、受け皿など一式をシンクの中に置き、アルカリ性洗剤で洗いましょう。軽度の油汚れは網タワシでこすり洗いをすれば落ちます。網タワシで落ちない汚れは、スチールウールを使うといいでしょう。アルカリ性洗剤は肌に刺激が強いので、ゴム手袋を忘れずに。

《081》
ガスコンロのバーナー部分にも、焦げや油汚れがついています。アルカリ性洗剤をつけた歯ブラシでこすり落としましょう。

《082》
シンクは、食器洗いの後に乾いた布で水滴をしっかり拭きあげましょう。水垢を防ぐことができるので、ピカピカのシンクで毎日、気持ちよく洗い物ができます。

《083》
シンクや蛇口についてしまった白い水垢は、水分が蒸発した後に残ったマグネシウムやカルシウムと、台所用洗剤の成分などが混じったものです。水垢用の「水垢とりダスター」やクエン酸水（水200㎖に、クエン酸小サジ½〜1杯を溶く）を吹きつけた網タワシでこすり落とします。

《084》
排水口はストレーナーだけではなく、中もしっかり掃除しましょう。排水口が汚れていると、ストレーナーにも汚れが移ります。深部は、柄の長いブラシ、ストレーナーの網目は歯ブラシと、ブラシを使い分けながら掃除します。

《085》

換気扇はフィルターを使っていれば一年に一度の掃除で大丈夫です。ただし、大掃除のシーズンである12月は、寒くて油が固まっているので、「一度の掃除」に不向きな時期です。油がゆるみやすい、あたたかな時期に掃除をしましょう。

《086》

換気扇備え付けのフィルター掃除をしっかりしておくと、換気扇自体に汚れがつきにくくなります。汚れの程度をしっかりチェックし、こまめに掃除をしましょう。

《087》

フィルターの掃除には、マイクロファイバーをけば立たせたファイバークロスを使います。水にぬらしたファイバークロスを小刻みに動かして、クロスに油を吸着させれば、洗剤も不要です。

《088》

換気扇の汚れは油汚れなので、アルカリ性の洗剤を使います。浸けおき洗いがおすすめですが、浸けた場所にも油汚れがついて、さらに掃除の手間がかかってしまうのは困りものです。そこで使いたいのが、ゴミ袋です。ゴミ袋の中に洗剤を入れて浸けおきをしましょう。

《089》

油汚れはその表面にほこりなどを吸着し、汚れの程度が増していきます。油汚れだけではなく、日々のほこり掃除をしっかりすることも大切です。

《090》

電子レンジの中はとても汚れています。水にぬらした布をレンジに入れて3分ほど温めると、庫内に水蒸気が充満します。その水蒸気を利用して、庫内を拭きましょう。温めた直後は、庫内の温度が高くなっているので、油汚れもよく落ちます。

《091》

電子レンジ掃除で、水蒸気を発生させるために使った布は、油汚れを掃除するのに活用しましょう。ちょっとした油汚れは、熱で浮かび上がるので、あたたかいタオルなら洗剤なしで落とすことができます。

《092》

電子レンジ内の、なかなか落ちない頑固な汚れは、細かくちぎったスチールウールでこすりとりましょう。

《093》
不要になった布を小さく切って、ザル、カゴ、ビンなどに入れて台所に置いておきましょう。汚れに気づいたときに、さっと掃除するのに便利です。

《094》
台所の床は、水や油がはねて、ほかの部屋の床よりも汚れています。一日の終わりにしっかりと雑巾で水拭きしましょう。ゴミ箱を置いている場所も念入りに。

《095》
台所は、天井や照明器具にも油が飛んでいます。一年に一度は、アルカリ性の洗剤をつけて掃除しましょう。柄の長いモップを使えば、より効率的です。

《096》
オレンジやみかんなどのかんきつ類を食べたら、掃除のチャンスです。かんきつ類の皮には、油汚れを落とすリモネンやクエン酸が含まれています。家庭でも簡単にできる、リモネン洗剤を手作りしてみましょう。消臭効果も期待できます。

《097》
簡単リモネン洗剤の作り方。鍋の中に水を適量（みかんの皮1個分につき、100㎖がめやす）とかんきつ類の皮を入れ、沸騰したら弱火で15分ほど煮ます。漉して、冷まし、霧吹きなどに移せば、出来上がりです。

《098》

魚焼きグリルの汚れはかなり頑固です。受け皿など、各部位を取り出したら、アルカリ性洗剤をつけたキッチンペーパーを使って、湿布をするように全体をくるみます。そのまましばらくおいて、油汚れがキッチンペーパーに浮きだしてきたら、キッチンペーパーをはがします。気持ちいいくらいに汚れがとれます。

《099》

水洗いをすることができない家電製品、たとえば炊飯器や冷蔵庫、電子レンジの外側も、人の手垢などで意外と汚れています。消毒用エタノールを吹きつけた布で、こまめに拭きましょう。

《100》

どうしても落ちない汚れは、専門業者に頼む、と割り切るのもひとつの方法です。洗剤成分の強さや、場所にあった道具など、家庭でできることとプロの掃除は異なります。一生懸命掃除をしても汚れが落ちずストレスをため込んでしまうなら、プロに頼って気持ちよく台所仕事をするほうが、台所に立つのが楽しくなる場合もあります。

第二章　省エネ生活１００のコツ

文　松浦弥太郎

すてきなものというのは、次から次へと売り出されるから、目移りして困ってしまう。そしてまた、あの人この人が持っているものも一度見てしまうと欲しくなるのが人の常である。けれども、そんな心もちに付き合っていたらきりがない。これが手に入ればしあわせなのに、と、その時は思うけれど、手に入った途端に、さらに他のものが欲しくなる。こんなふうな欲しい欲しいの癖を直すにはどうしたらよいのだろう。

ちょっと考えの向きを変えてみる。例えば、欲しいものを考えるよりも、今、持っているもののことを考えて、その良いところを見つけて、ありがとう、と感謝する。頭を冷やして、身の回りを眺めてみれば、いつの間に増えたのか、あれやこれやとあるわあるわの大荷物。そういう一つひとつに意識を向けて、もっと仲良くなるのはひとつの賢さである。そうすると、今まで以上にそれらとの関係がぐっと深くなり、自分にたくさんのうれしさやしあわせを与えてくれるのである。いわば、人間関係と同じである。満たされない気持ちとは、ちょっとした心もちひとつで変えることができる。同時にもの選びにも慎重になるだろう。良いものを少し持ち、それと長く付き合っていく。その喜びを知れば、欲しい欲しいの癖など、なんのことやらとなるだろう。

欲しいものではなくて、今持っているものに気持ちを向けてみる。それは、身の回りにあるものを無駄にせず、できる限りの愛情で生かしていくこと。本当に必要なものとは、ひとつかふたつ、多くてもみっつくらいなのが本当である。

エネルギーの節約で大切なこと。
それは時間、温度、明るさ、
そして効率を気にかけること。
無理やがまんではなく、ムダをなくす。
長く続ける省エネのコツをご紹介します。

電気

冷蔵庫、照明、
エアコン、テレビ。
一年を通して使う
家電製品の
使い方を見直しましょう。

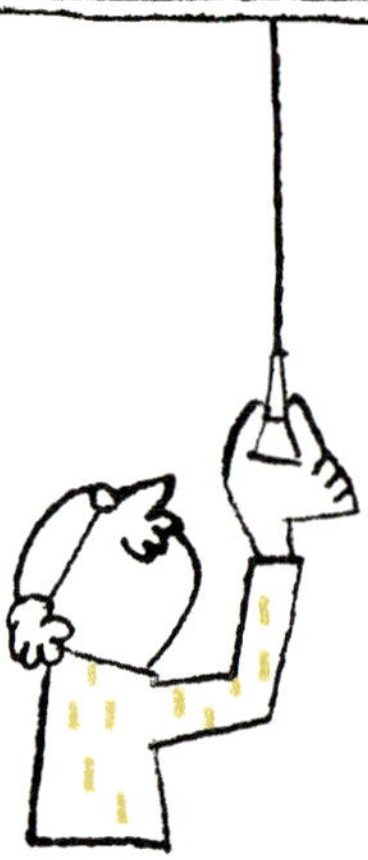

《101》

電気使用量の検針票が届いたら、昨年の同月の使用量も確認するようにしましょう。成果が数字で実感できれば、省エネが楽しくなります。省エネは、リバウンドのないダイエットのようなもの。よほどのことがないかぎり、一度減らしたものが大きく戻ることはありません。

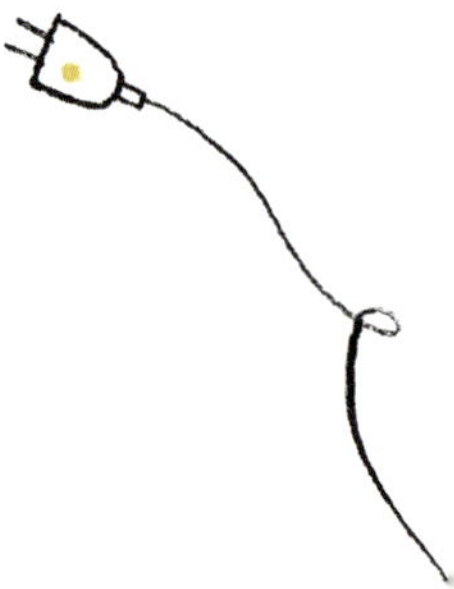

《102》

テーブルタップに、今どれくらいの電力を使っているかが表示される「簡易型電力量計」が付いたものが売られています。それを取り入れれば、使用量が目に見えるようになって、節電意識が高まります。

《103》

家族の中で一人だけ省エネをしていても、なかなか成果はあげられません。省エネには、一緒に暮らしている人の協力が必要不可欠。目標となる数字を決めて共有したり、お互いに声をかけ合ったりしながら、家族を巻き込んでいくことも、省エネを長く続けていく大切なコツです。

《104》

家の中を見渡すと、さまざまな家電製品があります。電気ケトルをはじめ、今まではなかった便利なものもありますが、消費電力の大きいものも多いのです。もう一度、それが本当に必要か考え直してみましょう。また、新しい家電製品を買う前に、今あるもので代用できないかどうかを考えてみてください。

《105》

電気ポットの保温機能は、想像以上に電力を消費しています。保温時に30W程度の電力を使うポットでお湯を10時間保温していると、年間で約2400円分の電力を消費していることになります。魔法ビンで保温しておくのはどうでしょう。

《106》
炊飯器の保温は、4時間くらいをめやすに切るようにしましょう。機種によって多少異なりますが、炊飯器で4時間を超えて保温するより、保温せず食べるときに電子レンジであたためるほうが消費電力を抑えられます。また、それ以上（7〜8時間）経ってしまうときは、炊き直したほうが電力の消費が少なくてすみます。

《107》
電気ケトルは、水を沸騰させるために、大きな電力が必要です。いつでも水をなみなみと入れるのではなく、そのとき必要な分だけを沸かすようにすると、ムダな電力を使わずにすみ、沸騰するまでの時間も短くなります。

《108》
家電製品を買ったときは、使い始める前に、取扱説明書をしっかりと読みましょう。見過ごしてしまっている機能や設定がいくつもあるかもしれません。初期設定のまま使うのではなく、自分の暮らし方に合わせて、設定し直すひと手間が大切です。

《109》
家電製品の中には、配置場所によって消費電力が変わるものもあります。冷蔵庫は、側面や背面、上部から熱を逃がすことで、冷蔵庫の中を冷やしています。冷蔵庫を壁にぴったりとつけて置いてしまうと、熱がスムーズに逃げず、冷却の効率が下がってしまいます。冷蔵庫の背面や両脇を5cmくらいずつ空けるようにします。それだけで、熱の逃げ道をつくることができます。

《110》

冷蔵庫の上や周りに、つい物を置いてしまいがちです。物を置くということも、冷蔵庫から熱を逃がしにくくする原因になります。すき間を空けて使うのと同じくらい、周りに物を置かないように心がけましょう。

《111》

入れる必要のない物も冷蔵庫に入っていませんか。庫内の物を見直しましょう。詰め込み過ぎは、冷気の循環が悪くなり、電力をムダに使うことになります。さつまいも、じゃがいも、ごぼうといった野菜や開封前の缶詰、レトルト食品など、常温で保存できるものまで入れていないか確認しましょう。

《112》

冷蔵庫の詰め込み過ぎは、余計に電力を消費します。容量に対して7割程度までが理想です。「奥の壁が見えるくらい」をめやすにするといいでしょう。

《113》

長く使っている冷蔵庫は、扉のパッキンをチェックしましょう。扉を閉めてハガキを差し込んで、ずり落ちたらパッキンが緩んでいます。冷気が漏れてしまうので、新しいパッキンを取り寄せて交換しましょう。

《114》

冷蔵庫の開け閉めのムダを減らしましょう。予め、中に入っている物を把握しておいたり、開ける前に出す物を決めるだけで、開け閉めの回数を減らせます。

《115》

冷蔵庫の中を整理整頓しておきましょう。どこになにをしまうか決めておいたり、いつも出す物を一緒のトレイなどにまとめておいたりすると、必要なときにすぐに取り出すことができ、扉を開けている時間が短くなります。

《116》

冷蔵庫を冷やし過ぎていませんか。温度の設定を見直してみましょう。季節や物の詰め具合に合わせて設定を変えるだけでも、大きな省エネになります。

《117》

普段、あまり移動させて掃除することのない冷蔵庫の底や裏側は、ほこりがたまりやすいところです。たまったほこりが、放熱部分をふさいでいることがあります。ほこりを取り除いておくだけで、電力のムダが抑えられて、冷蔵庫の冷えがよくなることがあります。

《118》

電子レンジは、マイクロ波が庫内の金属壁に反射して、食品を上下左右から加熱します。ひとつを加熱するときは中央に、二つ以上を加熱するときは、間を空けて並べると、加熱のムラを防ぐことができます。

《119》

部屋に温湿度計を置いてみましょう。暑さ、寒さを感じる温度は人それぞれですが、きちんと測っておくと、部屋の温度、湿度を客観的に見ることができます。エアコンをつけるかどうか、もしつけるなら冷房にするか、除湿にするかといった判断基準になります。また、室外との気温差が大き過ぎると、いわゆる冷房病などで体調を崩す原因にもなるので、温度設定のめやすにするといいでしょう。

《120》

エアコン（冷房）は、室内の暑い空気の熱を冷媒が室外に運び出すことで、部屋を涼しくします。その際、室外機から熱風を出しているので、周囲に物があるとスムーズに熱の排気ができず、余計な電力が必要になります。室外機の周囲に物を置かないようにしましょう。

《121》

「遮熱は外で」が効果的です。よしずや簾を使って、室内に熱が入らないように日差しを遮ると、エアコンの消費電力を抑えることができます。

《122》

室外機が直射日光の当たる場所にあるときは、よしずなどで日差しを遮り、室外機の周りの温度を上げないような工夫をしましょう。よしずで窓の遮熱をしながら、室外機の日よけに使うのも一案です。

《123》

エアコンの設定温度を意識していますか。夏場は28℃を心がけましょう。エアコンの消費電力量は、家庭で使う電力量のうちで大きな割合を占めます。1℃上げるだけでエアコンの消費電力を約10％節約できます。

《124》
夏はエアコンをつける前に、室温より外の温度のほうが低いと感じたら窓を開け、空気を入れ換えて、室温を下げるようにしましょう。夏の初めや終わりは、エアコンをつけなくても、それだけで意外に快適に過ごせることもあります。すぐにエアコンのスイッチに手を伸ばすのではなく、外の暑さと向き合いながら、使うかどうかを決めるようにしましょう。

《125》
体感温度は、気温だけでなく、壁や床など周囲の物がもつ熱、湿度、気流にも影響されます。家の中に風を取り入れると、エアコンをつけなくても快適に過ごせる日があります。窓を二カ所以上開けて風の入口と出口をつくると、上手に家の中に風を通すことができます。冷房をするときも、扇風機の風を体に当てると涼しく感じられるので、エアコンの設定温度を上げることができます。

《126》
暖かい空気は部屋の上のほうに、冷たい空気は下のほうにたまります。冷暖房をしているときは、扇風機やサーキュレーターを使って、部屋の空気を循環させると、効率よく部屋を暖めたり冷やしたりできます。

《127》

冷たい空気は、下にたまる性質があるので、冷房時はエアコンから水平に風を出すようにすると、部屋全体に冷気が行きわたります。

《128》

冷房よりも除湿が省エネとは一概に言えません。蒸し暑さを感じるときは「除湿」を、暑さを感じるときは「冷房」をと考えて選択したほうが、結果的にエネルギーを上手に使うことができます。

《129》

体感温度は室温だけでなく着る物も大きく影響します。体に密着した物よりも、通気性のよい服や、リネンなどの涼やかな肌触りの室内着を着ていると、室温が多少高くても快適に過ごせます。

《130》

エアコンのフィルターは、こまめに掃除しましょう。意外にほこりがたまりやすいので、2週間に一度くらいのペースで掃除しておくと、ムダなエネルギーを使わずに、部屋を冷やしたり暖めたりできます。

《131》

外出の直前までエアコンをつけておくのではなく、出かける15分くらい前をめやすに電源を切るようにしましょう。電源を切ってもすぐには室温は変わりません。自分の行動パターンのどこかに、エアコンを止めるきっかけをつくっておくと、習慣にしやすくなります。

《132》
エアコンをつけたまま、外出したり、寝てしまったりすることはありませんか。タイマーを上手に使って、消し忘れを防ぎましょう。

《133》
照明器具はこまめに掃除しましょう。カバーや電球が汚れていると、暗く感じてしまいます。大掃除のときだけでなく、日ごろから掃除することを習慣にしましょう。

《134》
今日はテレビをつけずに、読書の日にしてみませんか。暮らしのなかで意識的にテレビを見ない時間をつくることで、生活が変わり始めます。

《135》
夜、本を読むときは、部屋全体の明るさを抑えて、読書灯にしてみましょう。用途に応じて明るさや照明器具を選ぶようにするのは、省エネのためには大切なことです。やわらかい光は、体も休まります。

《136》

家電の買い換えも省エネになります。長く使うことも大切ですが、10年程度経ったものと最新のものとでは、消費電力で大きな差があります。古いものを使っていると、機器の効率が悪く、電気を多く消費します。「しんきゅうさん」というウェブサイトでは、今使っている家電と買い換え予定の家電の消費電力量や電気代の差などが試算できます。

《137》

家電選びはサイズも重要です。大きいサイズのほうが、消費電力も大きい傾向があります。自分の暮らしに合ったサイズを選ぶことも省エネのひとつです。ただし冷蔵庫の場合、400ℓ台〜500ℓ台のものが、もっとも省エネ性能が高いサイズです。400ℓ前後のサイズで迷ったら、少し大きめでも400〜500ℓサイズを選ぶといいでしょう。

《138》

家電を買い換えるとき、テレビやエアコンなどのすぐに必要なものは、つい急いで買ってしまいがちです。しかし、寿命が長いものなので、先々のことを考え、しっかり吟味しましょう。そのときひとつのめやすとなるのが、店頭で商品のそばに貼られている「統一省エネラベル」です。ラベルの星の数が多いものほど省エネ性質が高いものです。

《139》

アサガオやゴーヤなど蔓性の植物を外壁や園芸用のネットに這わせる、「グリーンカーテン」をつくってみましょう。グリーンカーテンは、日差しを遮るだけでなく、土の中の水を吸い上げて、水分を蒸発させるときに周囲から熱を奪うので、気温を下げてくれます。夏の輻射熱《ふくしゃねつ》対策にも効果があります。

《140》

夏の輻射熱は周囲の気温や室温を上げる原因です。緑を植えられなければ、打ち水が有効です。グリーンカーテンと同じように、地面にまいた水が蒸発するときに、周りの熱を奪って気温を下げてくれます。

《141》

保温便座の温度設定が、冬のままになっていませんか。暖かくなってきたら、設定温度を下げるだけで、充分な省エネになります。また、夏であれば便座を温めておく必要がないので、スイッチを切っておくといいでしょう。

《142》
トイレを使わないときは、フタを閉めておきましょう。保温している便座から熱が逃げにくくなり、ムダな電力を使わずにすみます。マナーとしても気持ちがいいものです。

《143》
温水洗浄便座の水温を、一年を通して同じ温度にしていないでしょうか。常に温水をつくり貯めておく「貯湯式」と、使うときに瞬間的に温水をつくる「瞬間式」がありますが、どちらも電力を使うので、夏場などの気温の高い季節は、設定温度を下げておくといいでしょう。

《144》
誰もいない部屋の照明を消していますか。たとえば、脱衣所。入浴中も脱衣所の照明をつけたままにしてはいないでしょうか。日々のこうしたムダを省いていくと、電力の使用量を大きく抑えることができます。

《145》
家電製品の待機電力は、家庭の一年間の電力消費量のうち、約6％を占めています。電源はリモコン操作だけではなく主電源で消し、長期間使っていない機器のプラグはコンセントから抜きましょう。

《146》

スイッチ付きのテーブルタップを使えば、手軽に待機電力を減らせます。必要なものだけタップのスイッチを入れ、出かけるときはすべて切るように習慣づけましょう。

《147》

最近のテレビには省エネになる設定があります。「無操作自動オフ」は、チャンネルや音量の変更が一定時間ないと自動でテレビの電源を切る機能。「無信号自動オフ」は、DVDプレーヤーなど外部からの信号が一定時間ないと、自動でテレビの電源を切る機能です。テレビを消し忘れることが多い方にはおすすめの機能です。

《148》

テレビは画面サイズが大きいほど、消費電力が大きい傾向があります。必要以上に大きいものではなく、ちょうどいいサイズを選ぶのも、省エネになります。

《149》

テレビやオーディオ、パソコンの音量も消費電力と関係しています。音量を下げれば、それだけで消費電力を抑えることができます。

《150》

テレビの画面の明るさを意識していますか。明るいほうが大きな電力を消費します。ほこりがついて、暗くなっているだけかもしれません。テレビの画面の拭き掃除は、意外に忘れがちです。意識して掃除してみましょう。

《151》

〝ながらテレビ〟を止めましょう。本を読みながら、家事をしながらなど、なにかをしながらテレビをつけていることはありませんか。もし音がほしければ、テレビよりも消費電力が小さいラジオをおすすめします。

《152》

パソコンを長く使わないときは、電源を切るか、スリープ状態にしましょう。電源を切ったときや、再起動するときには大きめの電力を消費します。機種などによって幅はありますが、判断のめやすとしては、1時間半。これ以上長くなる場合は電源を切りましょう。それよりも短い場合は、スリープ状態が省エネです。

《153》

ある一定時間、パソコンを操作しないときに起動するスクリーンセーバーは省エネになっていません。設定を解除して、電源を切るか、スリープ状態になるように設定し直しておきましょう。

《154》

パソコンの画面の明るさを抑えましょう。テレビ同様、明るいほうが消費電力が大きくなります。また、明る過ぎる画面は、目にもよくありません。買ったときの設定のままにしておかずに、必要な明るさに設定しましょう。

《155》

家族団らんも省エネです。家族がそろって食事ができれば、電子レンジで温め直す必要がなくなります。また、同じ部屋で過ごすことで、使う照明やエアコンなどの台数が減り、電力消費も抑えられます。

《156》

掃除機をかける前に、まず整理整頓をしましょう。片付けをしながらの掃除は効率が悪く、掃除機をかけている時間が長くなり、必要以上に電力を消費してしまいます。もし、なにかを移動させながら掃除するときは、こまめに停止させながら掃除機をかけましょう。

《157》

掃除機の紙パックの取り換えやフィルターの掃除は、こまめにするようにしましょう。また、意外に忘れがちなのがゴミを吸い取るヘッド部分の掃除です。汚れがたまっていると、吸引力が落ちてしまい、掃除機を使っている時間が長くなり、余計な電力を多く使うことになります。

《158》

掃除はすべてを掃除機でやろうとせずに、ほうきやモップを上手に併用してみましょう。電力を使わない道具でも、充分にゴミを集めることができます。

《159》

カーペットなら「強」、畳やフローリングなら「中」や「弱」というように、床の素材によって掃除機の吸引力を変えてかけましょう。「中」や「弱」ですむところを「強」でかけると、電力をムダにすることになります。

《160》

ガラスの断熱性能を考えたことはありますか。熱が伝わりやすいガラスは、家の断熱機能を大きく左右する部材のひとつです。二枚のガラスの間に乾いた空気を閉じ込めた「複層ガラス」のほうが、一枚ガラスよりも断熱性能は高くなります。なかには遮熱性能も高いものもあります。家の断熱性

が低いと感じたら、ガラスの見直しを検討してみてはいかがでしょうか。

《１６１》

家の中で、窓はもっとも熱が伝わりやすい部材です。冬の暖房時は約5割、夏の冷房時は約7割の熱が、窓から出入りします。カーテンを閉めることでも、熱の出入りを抑えられます。カーテンは少し長いくらいにするとより効果的です。

《１６２》

今ある窓はそのままにして、室内側にもう一つ窓をつける「内窓」の取りつけは、手軽に断熱性能を上げることができる方法です。居住者が専有部分しかリフォーム工事できないマンションでもできる工事です。工事時間も、ひとつの窓で約1時間ですみます。

《１６３》

家の中の照明を見直しましょう。今、消費電力の大きい白熱電球を使っているなら、次の交換のときに電球型蛍光ランプやLED電球に替えましょう。効率のいい照明を使って、日々の消費電力を抑えましょう。

《１６４》

その場所にその明るさは必要ですか。窓際など、日中は照明をつけなくても明るい場所がないでしょうか。明るさが調整できる器具を使っている場合は、本を読むとき、食事をするときなどの用途に合わせて明るさを変えましょう。

《165》

普段はあまり使っていない機器の中には、常に待機電力を消費しているものがたくさんあります。たとえばＤＶＤプレーヤーやオーディオ機器の時刻表示。時刻設定は有効で、表示だけをオフにすることができるものもあります。もう一度、取扱説明書を読んでみましょう。

《166》

電子レンジを有効活用しましょう。温めやオーブンだけでなく、下ごしらえにも役立ちます。たとえば、ほうれん草をゆでたり、油揚げの油抜きをしたりといった下ごしらえであれば、ガスコンロで沸かしたお湯を使うよりも電子レンジのほうが消費も少ないし、調理時間も短縮できます。

《167》

自家発電システムの導入に対して利用できる、補助金制度があります。国からだけでなく、地方自治体からも補助が受けられることもあります。初期費用のかかるものを購入するときは、各自治体が発表している最新の情報を確認してみましょう。

《168》

冷蔵庫やエアコンといった家電製品などを対象にした「トップランナー制度」というものがあります。製品の省エネ基準を定めた制度のことで、省エネ性能がもっともすぐれた製品を基準に定められます。この制度は、メーカー各社がトップランナー基準を目指して省エネ性能の向上に力を入れる仕組みです。これらの基準は適宜見直されるので、メーカー各社は省エネ性能を向上させる開発に取り組んでいます。

《169》

自治体などで実施する、専門家が家庭を訪問して省エネをアドバイスしてくれるサービスが増えています。それぞれの家庭のライフスタイルに合わせて、効果的な省エネ方法をアドバイスしてくれます。日々の省エネ方法に迷ったら、一度診断を受けてみてはいかがでしょうか。普段気づかないことや、専門家ならではのアイデアを教えてくれるでしょう。

《170》

従来の電気温水器よりもエネルギー効率がいい「エコキュート」は、省エネ性の高い機器として注目されています。電気温水器がヒーターの熱でお湯を沸かすのに対し、エコキュートはエアコンや冷蔵庫などにも使われているヒートポンプ技術を利用し、電気を使って空気中の熱を汲み上げ、お湯をつくる給湯器です。

ガス

年間の家庭のエネルギー消費で
約3割を給湯が占めています。
お湯の使い方を意識する。
それだけで
効果が表れます。

《171》

熱効率がいい鍋やフライパンを使いましょう。底の広い鍋は、熱を効率よく使うことができます。圧力鍋も、普通の鍋と比べると短時間で調理することができます。料理は毎日のことです。調理時間を少し短縮するだけでも、ガスの使用量が抑えられ、省エネの効果が表れます。

《172》

ガスの炎が鍋底からはみ出さないようにしましょう。はみ出した炎は、調理の役に立たないので、エネルギーをムダにしていることになります。はみ出さないように、火加減を注意しましょう。中火を心がけると、効率がいいです。

《173》

煮物料理などに、保温調理を取り入れてみてはいかがでしょう。ある程度加熱をしたら、鍋をコンロから外し、布などで包んで余熱で仕上げるので、コンロにかけている時間が短くなります。専用の鍋カバーも売られています。

《174》

ガスコンロでお湯を沸かすとき、水道の水よりも、ガス給湯器のお湯から沸かすほうがガスの消費を抑えることができます。コンロよりも、給湯器のほうが効率がよいからです。

《175》

落としブタを活用しましょう。味がよくしみ込むだけではなく、熱の伝わりがよくなるので、ガスの節約にも効果があります。

《176》

やかんを火にかけるときにフタをするように、鍋などもフタをすることを意識しましょう。熱をムダなく使え、温まるまでの時間が短くなります。

《177》

鍋やフライパンの底がぬれていたら、拭いてから火にかけていますか。ちょっとしたことを気にかけるだけで、ガスの消費を抑えることができます。

《178》

ガス給湯器のガスの消費量は、お湯の使用量と設定温度、機器の効率などで決まります。少しでも設定温度を下げたり、使う量を減らすだけでエネルギーの消費を大きく抑えることができます。

《179》

シャワーを浴びる時間を短くするのは、節水だけではなく、ガスの節約にもなります。シャワーを10分浴びると、100Wの電球を約17時間つけているのと同じくらいのエネルギーがかかります。

《180》

家族で協力をして、お風呂に入る間隔を短くしましょう。お湯の温度が下がる前に続けて入れば、それだけで追い焚きや再給湯のエネルギーが減らせます。

《181》

もし家族が続けてお風呂に入れないときは、お湯の温度がなるべく下がらないように密閉性の高いフタや、湯面に浮かべて使う保温シートなどを用いて、冷めないように工夫をしましょう。再給湯や追い焚きのエネルギーを少なくすることができます。

《182》

自治体や企業が作成している環境家計簿をつけてみましょう。ガスや電気、灯油や上下水道などの使用量から、CO_2の排出量を計算することができます。個別の使用量だけではなく、家全体で使うエネルギーをまとめて確認することができるので、省エネ意識を高めることができるはずです。

《183》

これまでのガス給湯器では捨てていた排気中の熱を利用するガス給湯器「エコジョーズ」を導入するのも、ガスの省エネに有効な方法です。従来の給湯器よりも熱効率が約15％高くなることで、ガス消費量が約13％抑えられます。

水道

水は使っている実感が
薄くなりがち。
空のバスタブで、
シャワーを浴びてみると
その量が実感できます。

《184》

節水も省エネです。水は蛇口から流れ出るまでに、浄水場などで、そして下水を処理するときも、エネルギーを使います。節水をすることは、水道料金の節約だけでなく、水道事業全体にかかるエネルギーを減らすことになります。

《185》

髪や体をこすっているときも、シャワーを出しっ放しにしていませんか。流れていくので気づきませんが、思っている以上に水が流れ出ています。１分間出し続けた場合でも、約12ℓの水が流れ出ているといわれます。家族全員が使うことを考えると相当な量です。シャワーはこまめに止めながら使いましょう。

《186》

普段使っているシャワーヘッドを、手元で出したり止めたり操作ができる、スイッチ付きのシャワーヘッドに替えてみましょう。シャワーヘッドによっては、体に当たる感覚は変えずに、水量を減らす工夫がされたものもあります。水量を2〜3割程度減らせます。

《187》

シャワーや蛇口からお湯を出すとき、設定温度に上がるまでに出てくる水も有効に使いましょう。たとえば、その水を桶にためて、雑巾がけのときや、靴を洗うときに使うなど、工夫ひとつで、大切な水をムダにすることがなくなります。

《188》

食器洗いの時間を短くするだけで水の使用量も自ずと減ります。食器の汚れが固まる前に洗ったり、泡切れのいい洗剤を使ったり、短時間でできる方法を考えましょう。

《189》
汚れた食器や鍋は、ウエスやゴムベラで軽く汚れを落としておくと、洗うときに使う水と洗剤の量を減らすことができます。ウエスやゴムベラは、流しの近くに置いておくと、使うのが習慣になりやすいものです。

《190》
食器や鍋の汚れがひどいけれど、すぐに洗えないときは、洗い桶にお湯をはって、しばらくつけておきましょう。それだけで、洗うときの水の量、洗剤の量が大きく変わります。

《191》
食器などの洗い物は、こまめに洗うよりも、ある程度たまってから洗うほうが効率はよくなります。

《192》

食器洗い乾燥機も、節水に役立ちます。洗い物が多い家庭では、時間の節約にも繋がります。食器の数や汚れ具合によって使用するコースや乾燥時間を選ぶようにすると、使うエネルギーを抑えられます。なお、電力消費の多い乾燥機能は使わずに、洗浄後に扉を開けて、自然乾燥させるのも省エネに有効です。

《193》

お風呂の残り湯をただ捨ててしまうのではなく、上手に活用しましょう。庭や植物への水やりや、夏であれば夕方の打ち水に使うのもいいかもしれません。

《194》

洗濯は、少ない量を毎日こまめに洗うよりも、たくさんの量をまとめ洗って洗濯機を使う回数を減らすほうが省エネになります。あまり汚れていなければ、次の日の洗濯物と一緒に洗うなどして、洗濯機を回す回数を減らす工夫をしましょう。

《195》

洗車のときの水の使い方を見直しましょう。シャワーを浴びるときと同じように、ホースから出す水で流し洗いをしていると、気づかないうちにたくさんの水を使っています。バケツなどに水をためて使うようにすると、必要最小限の水で洗車をすますことができます。

《196》

洗面所では、意外に水をムダ遣いしていることがあります。歯磨きや手を洗うとき、水の勢いをいつもより抑えるだけで、充分に節水の効果があります。

《197》

洗濯のすすぎが一回ですみ、節水になる洗剤があります。このような新しい洗剤を使うだけでも水量は大きく変わります。

《198》

洗濯物があまり汚れていなければ、「スピードコース」にするなど、洗濯コースの設定をこまめに変えて洗濯時間が短くなるよう工夫をしましょう。毎回のひと手間が、省エネに繋がります。

《199》

トイレで使う水の量は、生活用水の約3割を占めています。洗浄レバーが大小切り替えできるものならば、しっかり使い分けるようにしましょう。小さな積み重ねが大きな節水に繋がります。

《200》

トイレも日々進化しています。かつては1回の洗浄で約13ℓの水を使っていましたが、節水型のトイレでは6ℓ程度まで減っています。1日15回トイレを使ったとすると、年間で約3万8000ℓ、金額にして8700円ほどの差になります。古くなっていたら、買い換えを検討してもいいかもしれません。

第三章　冷凍・解凍１００のコツ

文　松浦弥太郎

いいと思ったことは、なんでも真似をする。そんなふうに、いつも何かの真似を繰り返しているけれど、真似のままではなく、一歩もしくは二歩でも、真似を繰り返しながら、自分らしい工夫を加えると、いつしかそれは、種から芽が出るように自分だけのオリジナルになっていく。いちばんわかりやすいのは料理である。どんなレシピも三回はその通りに作ってみる。すると、四回目にはレシピを見なくても作れるようになり、自分らしい工夫が自然と現れる。工夫というのは、楽しみ方であり、人や何かを思う愛のようなもの。そうすると、それがまた誰かに、しあわせを手渡すようなものになる。少し前までは、シェアという言葉に実感がなかったけれど、今はまさにその言葉の素晴らしさをかみしめている。

シェアとは、あらゆるものへの感謝の心持ちである。たとえば、よく知っている者は、ちょっと知っている者に場所を譲るべき、そして、ちょっと知っている者は、知らない者に場所を譲る。こういう精神こそ、分かち合い、譲り合い、助け合い、といったシェアの本質であろう。

こんなふうに、仕事や暮らしというものは、いつも人と人の輪で成り立っていることを忘れない。その輪のかたちをどんなふうにするかは自分次第である。美しさ、力強さ、しなやかさ、やさしさ、正直さ、誠実さ、学び、感謝というつながりで、自分がきれいな輪のかたちの一部になっていたい。そういう心もちで今日も明日も明後日も生きていきたい。そして、みんないつもありがとう、と言いたい。

●暮しの手帖では
たとえば
こんな本も
出しています

暮しの手帖の本

暮しの手帖社　出版案内

early autumn 2012

暮しの手帖社のロングセラー＆既刊書

表示価格はすべて税込です。ご注文は書店にてお申し込みください。

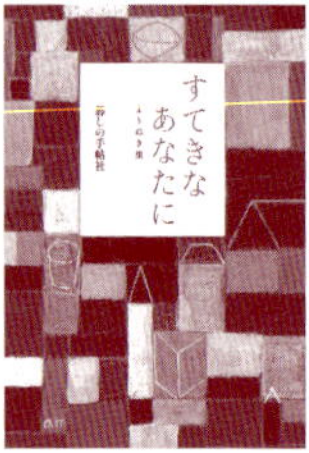

すてきなあなたに よりぬき集

暮しの手帖編集部 編
定価1260円

名エッセイ集『すてきなあなたに』のベストセレクション。珠玉の作品が、あなたの心にしみわたります。装画はミナ ペルホネンの皆川明さんです。

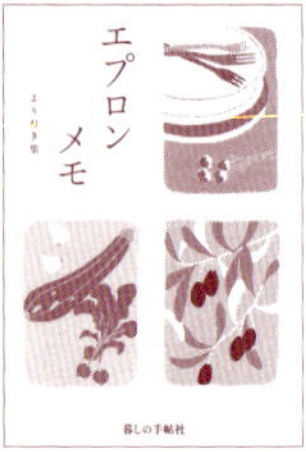

エプロンメモ よりぬき集

暮しの手帖編集部 編
定価1260円

連載60年にせまる「エプロンメモ」。読者の方や編集部員の実際の暮らしから集めた、暮らしのアイデア。既刊から640編を厳選しました。

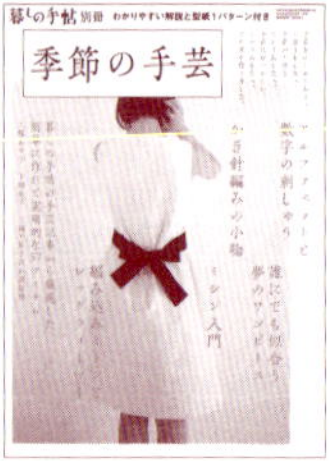

暮しの手帖別冊 季節の手芸

定価1150円

本誌で好評を博した手芸記事11種57アイテムをまとめました。47号に載った「夢のワンピース」の実寸型紙ふろく付き！

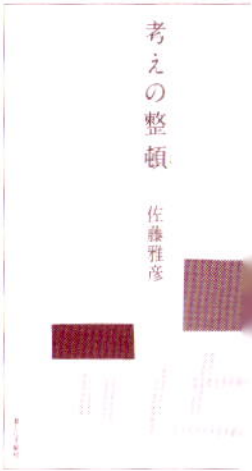

考えの整頓

定価1680円

本誌の人気連載「考えの整とん」の単行本化です。連載に書き下ろしを加えました。佐藤雅彦ワールドをどうぞお楽しみください。

「暮しの手帖」とわたし

大橋鎭子 著

定価1800円

創刊以来、故・花森安治と共に『暮しの手帖』を作り続けた大橋鎭子が書き留めてきたあふれる思い。90歳にして初の自伝です。

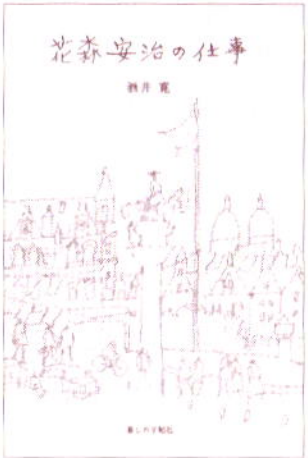

花森安治の仕事

酒井寛 著

定価1470円

広告をとらない雑誌『暮しの手帖』をつくった花森安治のすべて。日本エッセイスト・クラブ賞受賞の名著を、花森生誕百年を記念して復刊しました。

花森安治のデザイン

暮しの手帖社 編

定価2310円

初代編集長である花森が手がけた『暮しの手帖』表紙原画全点、装釘、カット、手書き文字等、厳選された約300点を収録。初のアートブック、待望の刊行!

出版サービス室からのお知らせ

本づくりのお手伝いをはじめてから10年、
いままで300冊以上の本がここから生まれています。

暮しの手帖社・出版サービス室は「あなたの原稿」を本にするお手伝いをいたします

ご自分の本を作ってみませんか？

自分史、エッセイ集、句集、旅行記、写真集、画集など、どんなジャンルのものでもお気軽にご相談ください。概要のわかるパンフレットもご用意しております。

※お見積りは無料です

暮しの手帖社・出版サービス室

〒169-0074 東京都新宿区北新宿1-35-20
TEL 03-5338-6036　FAX 03-3364-3524

ホームページが新しくなりました
http://www.kurashi-no-techo.co.jp/shuppan-service/

新刊のご案内

9月末発売予定！

暮しの手帖日記

松浦 弥太郎 著

定価 1470円（税込）

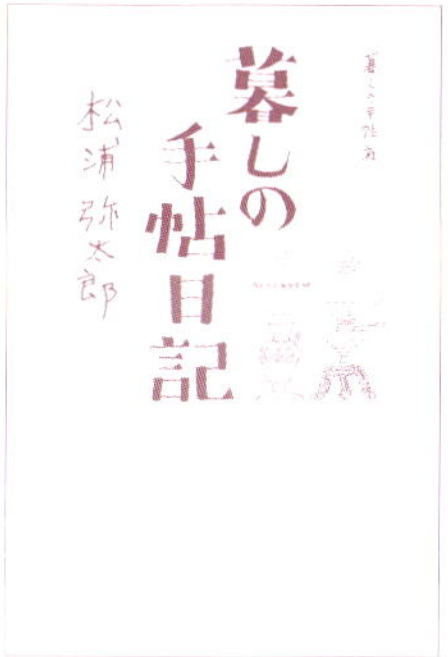

就任から現在まで、『暮しの手帖』編集長・松浦弥太郎が毎号綴った、ささやかな手記。

10月初旬発売予定！

続・暮らしを美しくするコツ609

暮しの手帖編集部 編

定価 1260円（税込）

台所仕事、省エネ生活、手芸、美肌、育児など。前作に続き、美しく健康的な暮らしのコツが満載！

新刊のご案内

10月5日発売予定！

暮しの手帖別冊 自家製レシピ 秋冬編

暮しの手帖編集部 編

定価 1150円（税込）

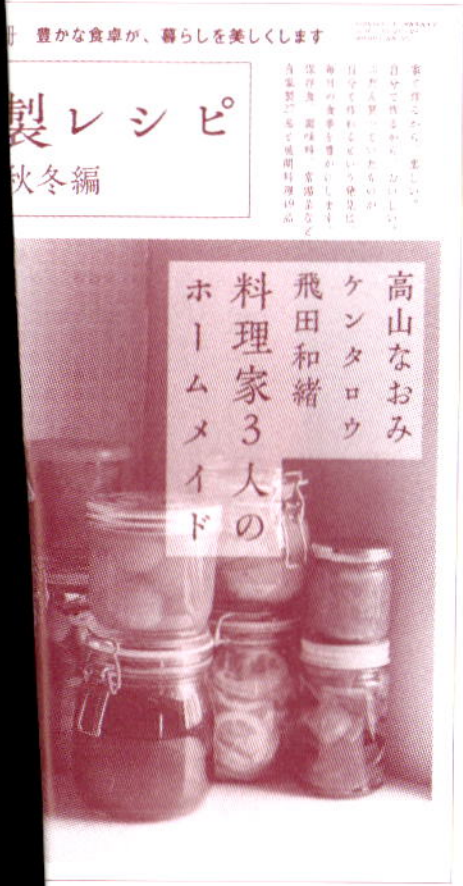

3人の人気料理家自家製の保存食や常備菜とその応用レシピ。できあいの味と手づくりの味はこんなにもちがうの？ 発見にあふれた充実の一冊！

暮しの手帖社

169-0074東京都新宿区北新宿1-35-20
el03-5338-6011 Fax 03-3364-3525
tp://www.kurashi-no-techo.co.jp

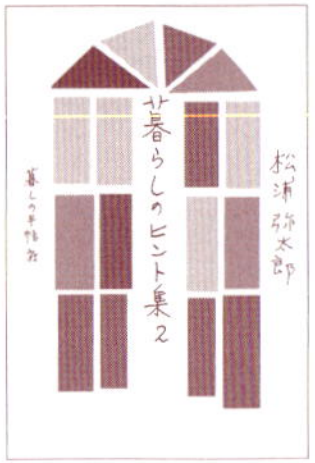

暮らしのヒント集 1・2

1 暮しの手帖編集部 編
2 松浦 弥太郎 著
定価各1260円

毎日の暮らしを豊かにする工夫とアイデアを書き下ろしのエッセイとともに収録しました。読んですぐに実行できる、小さなヒントが満載です。

わたしの暮らしのヒント集

暮しの手帖編集部 編
定価1365円

別冊『暮らしのヒント集』を好評につき書籍化！ 30代の新しい発想から80代の豊かな知恵まで。ユニークで楽しい15人の暮らし方をお届けします。

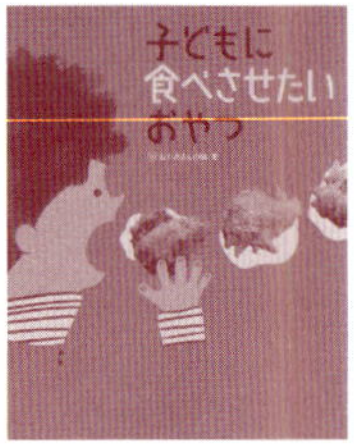

子どもに食べさせたいおやつ

おかあさんの輪 著
定価1575円

子育て真っ最中のおかあさんたちが集めたアレルギーにも対応した手づくりのおやつレシピ集。わかりやすい作り方と写真、かわいいイラストで紹介します。

すてきなあなたに 1〜5

大橋 鎭子 編
定価 ①〜④ 各1800円 ⑤ 2520円

毎日の暮らしを通して出会った心あたたまる話、おしゃれや、お料理など、丁寧に暮らすことの大切さがぎっしり詰まったエッセイ集。花森安治の挿画入り。

エプロンメモ 1・2

大橋 芳子 編
定価各1890円

台所を中心に、食べもの、住まい、おしゃれ、エチケットなど、毎日の暮らしに役立つ、アイディアと工夫を集めました。知恵の宝石箱のような2冊です。

巴里の空の下オムレツのにおいは流れる
東京の空の下オムレツのにおいは流れる

石井 好子 著
定価各1050円

読んで楽しい、とてもおいしいエッセイ集です。すてきなエピソードが、食べることの喜び、心を込めて料理をつくる大切さを教えてくれます。

正しい冷凍の方法を知っていれば、
最小限の時間と手間で
おいしい献立が毎日できあがります。
食費の節約にもつながる
冷凍のコツをご紹介します。

達人のコツ

おいしく凍らせて
無駄なく使いきる。
冷凍の達人になれる
基本の知識を
まとめました。

《201》
まずはよく使う食材、よく食べるおかずの冷凍から始めましょう。忙しい日に買物に行かなくて済む便利さ、温めるだけでいい料理があるうれしさを実感できます。

《202》
その日に食べるおかずを、ついでに2倍量作って「今日食べる分」「冷凍する分」に分けましょう。後日1食分を作る手間が省けます。

《203》
食材はそのまま冷凍するのではなく、「使うとき」を想像して、ひと手間かけて冷凍庫へ。小分けにしたり、使いやすく切っておくだけでも、調理時間が短縮できます。

《204》

「冷凍前のひと手間が面倒」と思ったら、こう考えましょう。例えば肉を使いやすく切って1食分ずつラップに包み、冷凍庫に入れるまでにかかる時間は5分ほど。この下ごしらえで調理時間が5分減らせます。一度の手間で、毎日少しずつ楽できるのです。

《205》

おいしさと栄養をそのままに冷凍する最大のコツは、「低温で素早く凍らせる」ことです。凍るまでの時間が短いと、食材の内部にできる氷が小さくなり、組織が壊れにくくなるからです。

《206》

すぐに冷える金属製のトレイに食材をのせると、早く凍ります。急速冷凍室がある場合はまずここで凍らせ、カチカチに凍ったら通常の冷凍庫へ。

《207》

小さく切る、小分けにする、ぺたんこにして包む、という工夫で、食材は早く凍り、おいしさがキープできます。また解凍にも時間がかからなくなります。

《208》
食材についた水気は、冷凍庫へ入れる前にきちんと拭き取りましょう。風味が落ちる原因になる「霜付き」を防げます。

《209》
冷凍した食品がパサパサしてかたくなったり、変色するのは、食品が空気に触れて酸化したから。酸化を防ぐにはラップでぴったり包むのが基本ですが、ラップには微細な穴があいているため、さらに冷凍用の保存袋に入れると万全です。

《210》
保存袋の中の空気をなるべく抜いて封をすると、食品を酸化から守れます。平たいものは底のほうから袋を丸めながら空気を抜きましょう。袋の口にストローを差し込み、空気を吸い出す方法もあります。

《211》
冷凍用の保存容器は汁気のあるおかずなどを冷凍するのに便利です。容器に対して中味が少ないと隙間に空気が入るため、酸化の原因に。容器いっぱいにおかずを詰めるか、汁気のあるおかずの場合は表面にラップをかぶせてフタをしましょう。

《212》
食品は冷ましてから冷凍庫へ。温かいまま入れると庫内の温度が上がり、素早く凍らせることができなくなります。

《213》

食品を菌から守って安全に冷凍するために、「手（特に指先）をよく洗う」、「なるべく素手で食材にさわらない」、「冷凍前の下ごしらえに使うまな板や庖丁をきれいにしておく」ことを心がけましょう。

《214》

食材はおいしく新鮮なうちに、買ってきたその日に冷凍を。夕飯の準備のついでに、冷凍用のひと手間も済ませましょう。

《215》

「ついでにできること」を考えるクセをつけましょう。パスタ用に沸かした湯でブロッコリーをゆでる、唐揚げ用に油を熱したらなすを素揚げする。ついで仕事の食材を冷凍して、後日の食事作りをスピーディに。

《216》

冷凍した食品は、およそ1カ月を目途に食べ切りましょう。保存袋や保存容器に冷凍した日付を書いておきます。

《217》

保存袋は冷凍庫や食品のにおいがついたら潔く捨てましょう。そうでないものは洗って再利用できますが、袋の水気は霜付きの原因に。袋を冷凍庫で凍らせ、氷を落とせば、干すことなく水気を落とせます。

《218》

買ってきたパックのまま冷凍すると、酸化や霜付きが起こり、おいしさが損なわれます。また、一度解凍したものを再冷凍するのもやめましょう。解凍をくり返すことで組織が壊れ、うま味が流れ出てしまいます。

《219》

旬の素材を冷凍しましょう。おいしくて栄養も豊富、しかも安いので、まとめて買って冷凍するのも賢い方法です。

《220》

面倒な揚げ物、時間のかかる煮込み料理はまとめて作って冷凍しておきましょう。温めて食べる以外にも、例えばカツを玉子でとじてカツ煮にしたり、唐揚げをサラダに入れたり。飽きずに食べる工夫で、レパートリーも広がります。

《221》

煮汁のあるおかずは汁ごと冷凍しましょう。解凍してから鍋に移して軽く煮返すと、味がよくなじんで、さらにおいしくいただけます。

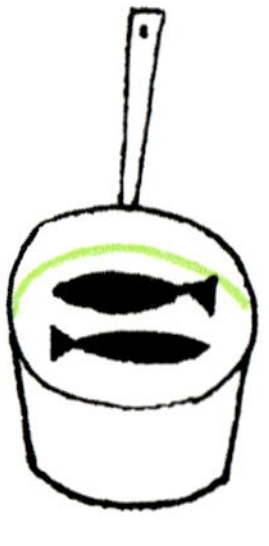

《222》

わずかですが冷凍に向かない食品もあります。山菜は解凍すると筋っぽくなり、レタスやもやしは身がやせてしまいます。マヨネーズやみりん、牛乳は冷凍すると成分が分離します。ビールなどの炭酸飲料は、凍ると体積が増し、膨張して缶が破裂することがあります。

《223》

食品が傷みにくい解凍の方法は、冷蔵室や室温でゆっくりと溶かす「自然解凍」。特に生ものはこの解凍方法が基本です。急いで解凍したい場合は「電子レンジ解凍」や「流水解凍」の方法があります。

《224》

すべての解凍方法で目指すのは、「半解凍」状態。指で押してみて、外側は柔らかいけれど、中はシャリッとしている状態です。解凍しすぎると水分と一緒にうま味成分も流れ出てしまいます。

《225》

肉や魚などの生ものは、冷蔵室の中でも温度の低いチルド室での自然解凍がおすすめです。1日～半日位前に食材をチルド室に移しておけばOK。チルド室に入れたまま2日ほど経っても問題なく使えます。

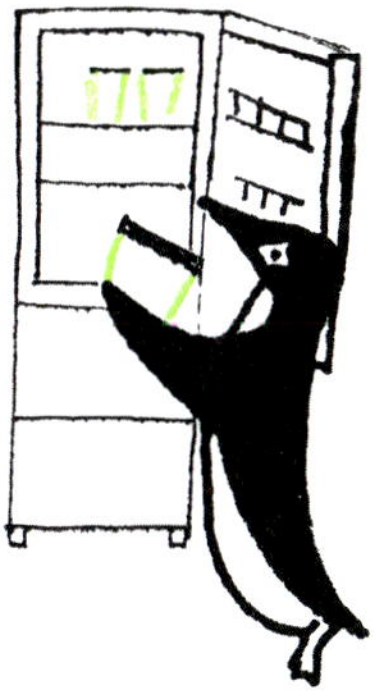

《226》

生ものを室温で解凍するときは、菌の繁殖を防ぐため、長い時間置きすぎないように気をつけましょう。特に夏場は要注意。調理直前に解凍を始め、半解凍状態になったらすぐに使うようにしましょう。

《227》

急いで解凍したいときに便利な電子レンジ。加熱ムラができやすいのが難点なので、生ものは「半解凍モード」で、様子を見ながら少しずつ時間を足していきましょう。

《228》

調理済みのおかずは解凍から温めまで電子レンジで一気にできます。ただし油が入っているおかずを温めると、途中で保存袋や容器の耐熱温度を超えてしまうことがあります。解凍したら耐熱容器に移し替えて温めましょう。

《229》

流水解凍は低い温度で鮮度を保ちながら素早く解凍できる方法なので、生ものをすぐに使いたいときに便利。食材を保存袋のままボウルに入れ、水道水を細めに流します。袋の口はきちんと閉めておきましょう。

《230》

調理中に火が通ればＯＫですから、解凍せずに凍ったまま調理する、というやり方も。食材を小さく切っておけば火の通りも早く、凍ったままでも調理しやすくなります。

食材別のコツ

肉・魚・野菜など食材ごとの冷凍法をご紹介。冷凍に向く食材を知っておきましょう。

肉・魚

冷蔵だと3日ほどしか持たない肉や魚も、きちんと冷凍すれば1カ月ほど保存できます。

《231》

日ごろよく食べる種類・部位や、旬の魚を多めに買って、小分けにして冷凍しておきましょう。日々の献立を助けます。

《232》

なるべく肉同士を重ねずに、平たくしてラップに包むと、冷凍・解凍が早くなり、凍ったまま調理もできます。薄切りや細切れ肉は素早く凍るので味が落ちにくい、冷凍向きの食材です。

《233》
そのまま冷凍する以外にも、下味をつけたり、下ごしらえをして冷凍すれば、同じ肉や魚でも幾通りにも調理できます。

《234》
冷凍すると食材の組織が壊れるので、下味がほどよくしみ込みます。下味冷凍には「食材が乾燥しにくい」、「調理時間が短縮できる」というメリットも。塩・コショーしておくだけでもこの下味効果が得られます。

《235》
献立に悩んだ日は、冷凍してある肉や魚をメインにしてメニューを考えましょう。メインが決まれば、副菜も自然に浮かびます。メ選択肢が無限にあるスーパーで考えると、献立はなかなか決まりません。

《236》
薄切り肉は「肉巻き」の状態で冷凍しておくのもおすすめ。肉に塩・コショーをし、かためにゆでたいんげんやにんじん、細切りのピーマン（生のままでOK）、しそやチーズなどを巻いて冷凍を。お弁当に重宝します。

《237》
ひき肉は使い勝手がいい反面、傷みやすいので早めに冷凍しましょう。保存袋にひき肉を入れて平らに伸ばし、袋の上から菜箸で縦、横に筋目を入れておくと、1回に使う分ずつ凍ったままパキンと折って取り出せます。

《238》

かたまり肉もひと口大に切り分ければ冷凍時間が短くなり、おいしく冷凍できます。豚かたまり肉ならねぎやしょうがとゆでて「ゆで豚」にすればさらに持ちがよく、使いでもあります。ゆで汁もスープなどに利用できるので、別に冷凍しておくと便利です。

《239》

揚げ物用にパン粉をつけた状態でも冷凍できます。脂肪が多く酸化しやすいトンカツ用の肉も、パン粉をつければ空気に触れにくくなるので、パサパサになりません。凍ったまま揚げることができます。

《240》

鶏肉は水分が多いため、冷凍するときはキッチンペーパーでよく水気を拭き取ってから冷凍庫へ入れましょう。

《241》

むね肉やササミは「蒸し鶏」にすると出番が増えます。塩・コショー少々を肉になじませ、耐熱皿にねぎ、しょうがとともにのせ、酒を振ってラップをかぶせて電子レンジで加熱します。細く割いて小分け冷凍しても。

《242》
焼くだけでごちそうになる鶏もも肉は、香味野菜入りのオイルに浸けて冷凍するとさらに風味豊かに。フォークで皮に穴をあけ、塩・コショーをすり込み、薄切りのにんにく、ローズマリー、オリーブオイルとともに保存袋に入れ、よくもみ込んで冷凍します。解凍してからオーブンやグリルで焼いて。

《243》
意外に日持ちしないハム、ベーコン、ソーセージは開封したら早めに冷凍を。ハム・ベーコンは1食分に小分けするか、使いやすく切って冷凍しておけば、慌ただしい朝食準備の強い味方になります。

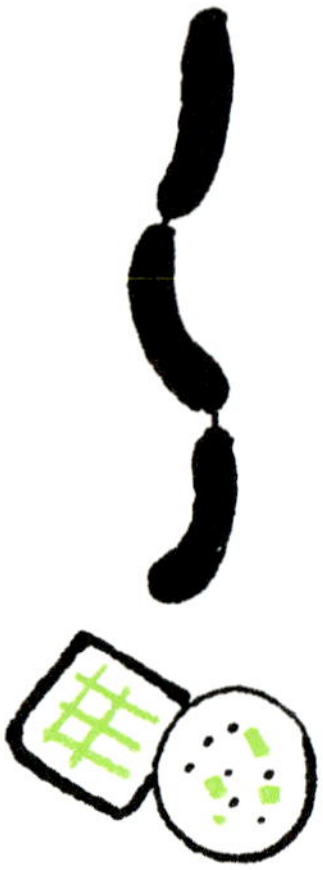

《244》
魚は新鮮なうちに冷凍して鮮度と味を保ちましょう。一尾でも切り身でも生のまま冷凍できます。中でも冷凍に向く魚介類は、味が落ちにくいサケ、イカ、アサリなど。

《245》
魚一尾を冷凍する場合は、傷みやすい内臓とヒレを取り、血や汚れを洗い流してから、おろしたり、ブツ切りにして、食べやすい形で冷凍するといいでしょう。

《246》
切り身魚はそのまま冷凍する以外にも、塩・酒少々をふって冷凍しておけば、身もふっくらと焼けます。または焼き魚にして冷凍しておくのも一案。お弁当のおかずなどにすぐに使えます。サケは焼いて身をほぐして冷凍しておくと、おにぎりの具、混ぜご飯、雑炊に加えたりと、いろいろにアレンジできます。

《247》

ワンパターンになりがちな焼き魚は、下味冷凍で味を変えましょう。「しょう油ダレ」で照り焼き風、「みそダレ」で西京焼き風に。しょう油ダレはしょう油、みりんを合わせて魚とともに保存袋に入れ、冷凍庫へ。みそダレはみそとみりんを合わせたものをラップに薄く塗り、切り身をぴったりと包んで冷凍を。切り身より広めに塗れば、包んだときに全体にみそが回ります。みそダレは少なめでちょうど良い味に。

《248》

イカは水分が少ないので、冷凍してもうま味・食感がほとんど変わりません。傷みやすい内臓を取ってから冷凍するのがコツ。胴と足を分け、余裕があれば胴を輪切りや短冊切りにしておくと、凍ったまま炒めたり揚げたりも自由自在です。

《249》

えびは殻つきで冷凍すると味落ちを防げます。頭と背ワタを取って、塩・酒を入れた熱湯で殻ごとゆで、色が変わったら取り出します。水気を拭き、冷めたら冷凍庫へ。

《250》
アサリ、シジミは砂抜きして冷凍しておけば、凍ったまま調理できます。海水ほどの塩水につけて砂を抜き、殻をこすり合わせてよく洗い、水気を拭いて冷凍します。なんとシジミに含まれるオルニチンという栄養素は、冷凍によって増えるというデータもあります。

《251》
一度に食べ切れなかったちりめんじゃこやしらすも冷凍を。少量ずつ使うことが多いので、小分けしておくと便利です。

《252》
ちくわ、かまぼこ、さつま揚げなど、あると便利、けれど賞味期限が短い練り物も冷凍しておきましょう。かまぼこは板をはずして薄切りにしておけば、凍ったまま調理できます。

野菜

冷凍すると食感が変わるので、これを生かして調理しましょう。

《253》
野菜保存の基本は常温や冷蔵庫の野菜室。けれど足が早い野菜、なかなか使い切れない野菜もあるので、そんな野菜を冷凍しましょう。野菜はかさばるので、庫内がいっぱいにならないよう、厳選して冷凍を。

《254》
解凍すると凍っていた野菜の水分が流れ出

るので、野菜のほとんどが冷凍することでしんなりします。煮物や炒め物にしたり、生のままなら和え物にするのがおすすめ。味がしみ込みやすくなる性質も生かせます。

《255》

野菜は解凍せずに、凍ったまま調理したほうがうま味や栄養が残ります。そのためにも使いやすく切って冷凍しましょう。冷凍した野菜は組織が壊れているので、火の通りが早くなるのもうれしいポイントです。

《256》

例えばにんじんを半分しか使わなかったら、残りの半分は調理のついでに切って冷凍しておきましょう。使い残しが野菜室に埋もれることがなくなります。

《257》

野菜は生のままで冷凍できるものと、下ゆでしてから冷凍したほうがいいものがあります。生で冷凍する場合は小さく、薄く切るのがポイント。小さいと早く凍るので組織のダメージが少なく、食感の変化もあまり気にならなくなります。

《258》

冷凍前の下ゆでには、「えぐみを取る」、「栄養分を破壊する酵素の働きを止める」という2つの役割があります。アクの強いほうれん草や春菊などの青菜類、傷みやすいブロッコリーやアスパラなどは下ゆでしてから冷凍したほうがいいでしょう。

《259》
下ゆでは、かために、がポイントです。解凍後も加熱するので、下ゆでで火を通しすぎると、解凍後に柔らかくなりすぎてしまうからです。塩を加えた熱湯に入れ、野菜の色が冴えてきた位ですぐ引き上げましょう。特に青菜は湯の中で泳がせる程度に。

《260》
健康的な食生活を送るために、緑・赤・黄・白・黒の色をした食べ物をバランスよくとりましょう。ストックしてある野菜の色みが偏っていないか、足りない色はないか、冷凍庫を点検するクセをつけると、健康的で、しかもおいしい献立作りにつながります。

《261》
色とりどりの野菜を冷凍しておくことは、色合いがさみしくなりがちなお弁当のおかず作りにも大いに役立ちます。

《262》
小松菜は生で冷凍してもおいしさが保てるめずらしい青菜です。切ってから冷凍しておくと、青いものがちょっと欲しいときに便利。冷凍するとしんなりするので、凍ったまま熱湯をかけるだけでお浸しに。

《263》
かぼちゃはカットされていると足が早い野菜。冷凍してもホクホクした食感が楽しめますから、一度に食べ切れないときはぜひ冷凍を。生のまま薄切りでも、ひと口大に切って電子レンジで蒸してから冷凍しても。つぶしてマッシュ状で冷凍すると、かぼちゃサラダやコロッケも簡単に作れます。

《264》

トマトはヘタをくり抜き、丸ごと保存袋に入れて冷凍できます。柔らかくなるので生食には向きませんが、煮込み料理やトマトソースに使うと、フレッシュな酸味でひと味違う仕上がりに。カレーに加えるのもおすすめです。凍ったままヘタの部分に十字に切り込みを入れると、つるんと皮がむけ、丸ごとすりおろして料理に加えることもできます。

《265》

小さく切ってくっつかないように凍らせる「バラ冷凍」(P103参照)は、使いたい分だけ使えて無駄がありません。日ごろ出番の多い野菜はぜひこの方法で。

《266》

使い切れない大根はせん切りにして冷凍しておくと出番が増えます。自然解凍して水気をしぼると塩をしたようにカサが減り、サラダや和え物でたくさんの量を食べられます。また「大根おろし」の状態で冷凍することもできます。ザルに上げて水気をきってから冷凍するのがうま味を残すコツ。酢を少々なじませておくと、時間が経つと増す辛みを予防できます。

《267》
いんげんは冷凍野菜として市販もされているように、冷凍向きの食材です。鮮度が落ちやすいので、早めに冷凍を。ヘタと筋をとって、生のまま冷凍することができます。絹さやも同じように冷凍できます。

《268》
ねぎ、しょうが、にんにく、みょうがなどの香味野菜は、細かく切ったりすりおろして、小分けにして冷凍しておきましょう。

《269》
冷蔵だとすぐ傷んでしまうニラは、意外にも冷凍による味落ちや食感の変化が少ない野菜。余りそうなら細かく刻んで冷凍しておきましょう。

《270》
やまいもは水分が多い野菜ですが、すりおろした状態ならおいしく冷凍できます。解凍しても粘りはそのまま。

《271》
きゅうりは水分が多いので冷凍は難しそうですが、薄い輪切りにして塩をしてから冷凍すると、不思議にシャキシャキの食感が残ります。自然解凍して水分をしぼるだけで箸休めの出来上がり。

《272》
なすも水分が多い野菜ですが、焼きなすや揚げなすにすれば大丈夫。特に揚げなすはいろいろな料理にコクを加えてくれる優秀素材。マーボーナスも一層食べ応えのあるメニューに。

《273》
きのこは冷凍すると干したようにうま味と栄養が増すうれしい食材。洗わずに、ザルやペーパータオルにしばらくのせてきのこの水分をとばしてから冷凍しましょう。

その他

ご飯や麺、大豆製品、乳製品など、日々の食卓に欠かせない食品も賢く冷凍を。

《274》
ご飯は温かいうちにラップで包むか、密閉容器に入れると、水分が保たれおいしさが逃げません。冷ましてから冷凍庫へ。ラップで包んだ場合は保存袋に入れましょう。

《275》
パンは水分が少ないのでとても冷凍向き。買ってすぐに冷凍庫へ入れるのがベストです。1枚ずつラップに包み、まとめて保存袋に入れましょう。凍ったままトースターで焼けます。またはアルミホイルで包んで冷凍し、包んだままトーストすると、よりふんわりした食感を楽しめます。

《276》
パンはサンドイッチにして冷凍するのもおすすめ。パンにバターを塗って、具の水分がパンにしみ出すのを防ぎましょう。おすすめの具はハム&チーズ、ポテトサラダ、クリームチーズやジャムなど。朝に凍ったまま持っていけば、ランチには食べ頃に。

《277》

生麺は市販の袋のまま保存袋に入れて冷凍し、凍ったままゆでることができます。または焼きうどんや焼きそばにして冷凍すれば、手軽なランチにぴったりです。

《278》

生玉子、ゆで玉子は冷凍すると黄味が固くなり、白味にすが入ってしまいますが、溶き玉子、炒り玉子、薄焼き玉子にすれば冷凍できます。薄焼きにしておくと面倒な錦糸玉子もすぐできます。

《279》

こんにゃくはほとんどが水分でできています。冷凍すると水分が分離し、中がスポンジ状になって独特の食感に。味がよくしみるので、煮物にするといいでしょう。未開封なら市販の袋のまま、開封後はラップに包み保存袋に入れて冷凍庫へ。

《280》

豆腐は凍らせると水分が抜け、高野豆腐のようになります。味がしみやすいので肉豆腐などの煮物にしたり、くずして白和えの衣にするのもおすすめです。パッケージのまま保存袋に入れて冷凍し、解凍したら水分をしぼって使いましょう。

《281》

みそ汁や煮物に大活躍の油揚げは、冷凍してもほとんど味が落ちません。短冊切りにしてバラ冷凍にしておくと、欲しい分だけ使えます。

おそれいりますが
切手を
貼ってください

169-0074

東京都新宿区北新宿1-35-20

暮しの手帖社 行

書名	続 暮らしを美しくするコツ609		
フリガナ		年齢	歳
お名前		性別	女 ・ 男
ご住所	〒　都道府県　区市郡		

アンケートにご協力ください

本書をどちらで購入されましたか。

・書店（　　　　　　　　　　　　　　　　　　）
・インターネット書店（　　　　　　　　　　　　　　　　　　）
・その他（　　　　　　　　　　　　　　　　　　）

本書の感想をお聞かせください。

（小社出版物などで紹介させていただく場合がございます）

雑誌「暮しの手帖」はお読みになっていますか。

・いつも読んでいる　・ときどき読む　・読んでいない

今後、読んでみたいテーマは何ですか。

ご協力ありがとうございました。

アンケートにお答えいただいた個人情報は、小社からのお知らせやお問い合わせの際のご連絡等の目的以外には一切使用いたしません。

《282》

納豆はパックのまま保存袋に入れて冷凍できます。食べるときは自然解凍か、耐熱容器に移して電子レンジへ。

《283》

切干大根やひじき、大豆など、乾物は水でもどして冷凍しておくとすぐに調理に取りかかれます。酸化しやすいごまも冷凍庫での保存がおすすめ。凍ってもかたまらないので、解凍せずにいつでも使えます。

《284》

チーズは水分が少ないタイプなら冷凍しても風味が変わりません。ピザ用チーズ、スライスチーズ、プロセスチーズも冷凍ＯＫ。

《285》

酸化しやすいバターや、賞味期限の短い生クリームも冷凍できます。バターはアルミホイルのままラップに包んで。生クリームはホイップすれば分離せずに冷凍できます。

《286》

日持ちしない生菓子は、食べ切れなかったら迷わず冷凍庫へ。大福やどら焼きなどの和菓子も、ケーキなどの洋菓子も、自然解凍でおいしく食べられます。ラップに包み、保存袋や容器に入れて冷凍しましょう。ただし生のフルーツは解凍すると水っぽくなるので、ケーキに入っている場合は冷凍前に取り除いたほうがいいでしょう。

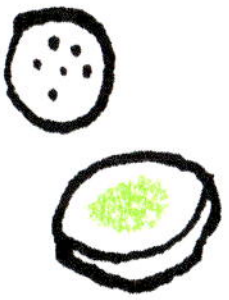

冷蔵庫整理のコツ

食材の無駄を
なくすなら
冷凍だけでなく
冷蔵庫の整理も大切。
効率よい
調理も叶います。

《287》

冷蔵庫は食材の保管場所ではなく、料理する食材をスタンバイさせておく場所。出番を待っている食材を、忘れることなく使い切れる冷蔵庫にしましょう。中を開ければ入っているものが一目で分かり、しかも取り出しやすい冷蔵庫を目指します。

《288》

冷蔵庫の中でも、まずは一番広い冷蔵室から見直しましょう。中のものをすべて外に出してみます。「いる・いらない」はとり

あえず考えずに、取り出すことに専念すれば、5分足らずで終わるでしょう。食品を並べるスペースがなかったら、床に新聞紙を敷いてその上にでも。予想以上の量に驚いたり、意外なものが出てきたり。しまい方のクセや、使い残しやすい食材も分かります。まずは現状を知ることが第一歩です。

《289》

食品をすべて出したら、空になった庫内を観察しましょう。奥行きや棚の数をきちんと把握しておくと、整理の仕方が変わります。また食品を戻す前に、ぬれブキンで拭き掃除も。湯でしぼったフキンなら汁のこびりつきもきれいにとれ、最後に薄めた酢やアルコールをスプレーすると除菌もできます。

《290》

冷蔵室にものが詰め込んであると、調理のたびに探す手間が生まれます。詰め込みはやめ、7割ほどの収納にしましょう。そうすれば隅々まで冷気が回るようになり、電力の節約にもつながります。

《291》
一緒に使うことの多い食品は、カゴやトレイにまとめておきましょう。例えば朝食に登場する梅干し、漬物、納豆などをひとまとめにしておくと、カゴごと食卓に出せばいいので集める手間が省けます。

《292》
棚の奥まで目が届く冷蔵室にしましょう。視線をさえぎる背の高いものを手前に置いたり、手前のものを奥に押しやってものを入れたりしていませんか？　空間に余裕を持たせ、ものを動かせば奥も見渡せるようにしておくことが大切です。「家族の誰が見ても、何がどこにあるかが分かる」ことを目標に。奥まで目が届きにくい棚の上段は、取っ手付きのカゴに食材をまとめておけば、引き出して見ることができます。

《293》
目に見えると「使おう」という意識が働きます。食材やおかずを保存する容器は透明のものにして、中身が見えるようにしましょう。使い残すことの多いドレッシングやビン詰めの調味料は、ドアポケットに入れておくと目につきやすくなります。小袋入りのタレなど細々したものも、透明の空きビンなどにまとめてドアポケットへ。

《294》

出来合いの調味料は、いろんなうま味がひとつになっている優れものです。自由にメニューを発想して使い切りましょう。ドレッシングは炒め物の調味に使うとコクが出て、油も不要。すし酢は余り野菜を漬け込んでおくだけでピクルスになります。みそ汁にコチュジャンを入れてピリ辛にするのもおすすめ。

《295》

ドアが片開きの冷蔵庫は、庫内に死角ができます。左開きの場合は冷蔵室の左側、右開きの場合は右側が見えにくくなります。この死角にはペットボトルやドリンクなど、存在感のあるものを入れておきましょう。または何も入れずに、鍋やケーキの箱など、大物がきた場合に入れられるスペースとして空けておいても。

《296》
冷蔵庫を整理するためには、各部屋の温度と機能を知っておくことも大切です。〔冷蔵室〕3～5℃。すぐに消費するもの、日常的に使う品を保存。ドアポケットは温度が上がりやすいので、温度変化に強い調味料やドリンク類を入れて。〔チルド室〕0～1℃。凍らせずに鮮度を保つので、傷みやすい生麺、ハムやソーセージ、発酵が進む納豆やヨーグルト、チーズなどを保存。生ものの解凍にも使用。〔野菜室〕4～5℃。野菜に最適な温度と湿度に保たれている。〔冷凍庫〕－18～－22℃。食品の長期保存が可能。

《297》
引き出し式の野菜室、冷凍庫は「仕切る・立てる」収納で見やすく、取り出しやすく。深さがある野菜室は、ペットボトルを半分にカットしたもので仕切ると整理しやすくなります。冷凍庫では金属製のブックエンドが活躍。食材を立てやすくなり、キンキンに冷えるので、保冷効果もアップします。

《298》
冷凍庫の収納は7割以上が理想。入っているもの同士が冷やし合うので、電力に頼らずとも低い温度を保ちやすくなります。逆にものが少ないと電気代がかかります。ただし詰め込みすぎると中身を把握できなくなるため、9割未満の収納にとどめましょう。

《299》
停電のときは、冷蔵庫を開けないようにす

れば保冷効果が5〜6時間は続きます。前もって大きなペットボトルに水を入れて凍らせておき、停電前に冷蔵室に入れておくと温度キープに役立ちます。

《300》

冷蔵庫の中を定期的に見直す習慣を。使い忘れがないか、賞味期限が迫っているものがないかをチェックして、使い切るための献立を考えます。見直す頻度のめやすは、冷蔵室や野菜室は1週間、冷凍庫は1カ月。週末や月末に見直す、まとめ買いの前に見直すなど、自分の続けやすいペースを見つけるのが、快適な冷蔵庫を保つコツです。

◎基本の冷凍方法

おいしい冷凍の基本は、「小分け」「二重保存」「急速冷凍」。特に味が落ちやすい肉、魚、加熱済みの野菜、ご飯などは、この基本に倣いましょう。

❶ ラップの上に冷凍する食品を1食分ずつ薄く広げます。安全に冷凍するために、生ものはなるべく手でさわらないように。菜箸を使って作業しましょう。

❷ 食品をラップでぴったり包み、熱伝導率のいい金属のバットやトレイにのせて急速冷凍室へ入れます。急速冷凍室がない場合は、通常の冷凍庫の設定温度を「強」にし、なるべく素早く凍らせましょう。

❸ 食品がカチカチに凍ったら冷凍用の保存袋に入れ、袋の中の空気を抜いて封をします。二重保存にすると食品が空気に触れにくいので酸化しにくく、食品に冷凍庫のにおいがつくことも防げます。袋に食品名と日付を入れて冷凍庫へ。おいしく食べられるめやすは1カ月以内です。

◎バラ冷凍の方法

食品を使いやすく切って凍らせ、保存袋に入れておくと、調理のときに欲しい分だけ使えます。餃子や唐揚げ、肉団子などもこの方法で冷凍すると便利です。

❶ 金属のバットやトレイにラップを敷き、その上に使いやすく切った食品を並べます。くっつかないように間隔をあけて並べるのがコツ。並べきれなかった場合は、ラップを挟んで2段、3段と重ねていきましょう。並べ終わったら上にラップをかぶせて急速冷凍室、もしくは「強」設定にした冷凍庫へ。

❷ 食品が凍ったら冷凍用の保存袋に入れ、空気を抜いて封をし、冷凍庫で保存します。保存袋のサイズは食品の容量に合わせて選び、なるべく空気が入らないようにしましょう。

❸ 凍ったまま鍋に入れて調理できます。袋に入れた食品すべてを使わない場合は、袋の中に湯気が入らないように注意を。

第四章　手芸・裁縫１００のコツ

文　松浦弥太郎

コツというか、心がけというか、日々、抱いている七か条がある。せわしさの中で、ふっと息を抜いたとき、自分らしさに立ち返るためのつぶやきのようなものだ。

一、天気のよい日には景色のよいところへ散歩に行こう。二、美しい文章や詩を読み、美しい音楽を聴こう。三、他人への親切に尽くそう。四、身の回りをきちんと整理し、清潔にしよう。五、健康と規則正しい生活を保とう。六、趣味を楽しみ、好奇心を育てよう。七、自分の人生哲学を考えよう。

七か条なんて大げさだけれど、たかが七つの自分ルール。せめてこれだけは要所要所で立ち返って、大丈夫かな、忘れてないかな、と自問自答する指差し確認である。

そんな自分ルールは、みんなそれぞれ違って良いと思うし、違ってあたりまえである。大切なのは、自分ルールを持っているのと、持っていないのには、大きな違いがあるということだ。もちろん、持っていたほうが良い。どんな立派な人でも、どんなに強い人でも、日々のストレスや疲れ、迷いや悩みからは逃れられない。自分らしさという道から外れて、迷子になってしまうことは普通のことだ。そんな時に正しい道に戻るための案内図というか、お守りは、ぜひ持っていたほうが良いだろう。

もうひとつ大切なことがある。毎朝起きた時、たとえ好きだろうと嫌いだろうと、何かひとつでもやるべき仕事が、自分にあることに心から感謝しよう。ありがとう。ほんとうにありがとう、と。そうすると、ほら、ちからが湧いてくる。

ボタン付けや、ミシン縫いがうまくできず、
裁縫は苦手だ、面倒だ、
と思い込んでいませんか？
基本をおさらいして落ち着いてやれば、
簡単にきれいに仕上げることができます。
裁縫の基本はもちろん、
編み物や服作りにも
挑戦したくなるコツをご紹介します。

裁縫箱と道具のコツ

使いやすい道具を
きちんと揃えて、
裁縫箱の中に
使いやすく
収納しましょう。

裁縫箱の整理

裁縫上手な人は、裁縫箱をいつも使いやすく整理しています。そして、すぐに取り出せるところに裁縫箱を置いておけば、裁縫がより身近になります。

《301》
裁縫箱の中に、半端なボタンや糸などが入って、ごちゃごちゃしていませんか？　使う度に中身を見直して、使わないものは処分しましょう。必要な道具だけを残し、スペースに余裕を持たせておけば、すぐに道具が取り出せます。

《302》
裁縫箱は、道具がきちんと入って丈夫であれば、お気に入りの空き缶など、どんなものでも大丈夫です。フタ付きなら、ほこりが付かず、持ち運んでも針などが飛び出さないので安全ですし、収納にも便利です。

《303》

針山に針を刺す時は、横から刺すと、上から針が押されても埋もれることがありません。また、糸を通したままの針を針山に刺すと、糸が絡まります。糸は、毎回使う長さだけ切るようにして、縫い終わったら針から外しましょう。

《304》

作業前に、針の数を数えてメモしておき、作業後にも本数が合っているか確認しましょう。針を落としたまま気づかずにいたり、布地に刺したままになっている針でうっかりケガをするということがありません。

《305》

針が錆びたり曲がったりしていないか時々点検します。使えなくなった針は、自治体のルールに従って危なくないように捨てるか、針供養をしている神社に持って行きましょう。

《306》

糸は他の道具に絡まりやすいので、糸だけ別の入れ物に収納しましょう。引っぱってみて切れる糸は処分しましょう。

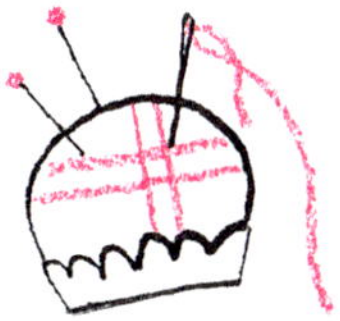

《307》

ボタン、ゴム、ひもなどの細々したものは、品目ごとに分けて、チャック付きの透明のポリ袋に入れて収納します。端切れやスペアボタンは、はがき用ファイルなどにまとめて保管しておけば、必要なものが探しやすくて便利です。

《308》

布地は、使う分だけ買って、余らせないようにしましょう。時間が経つと色あせますし、場所を取ってしまうものです。

道具の選び方

これだけは揃えておきたい道具の紹介と、選び方のヒントです。使いやすい道具があれば、作業がはかどります。

《309》

手縫い針は、いろいろな太さや長さがあります。太さは布地の厚さによって使い分けます。長さは自分の使いやすいものを選びましょう。初心者には長針が縫いやすくておすすめです。

《310》

まち針は、目立つものを使いましょう。頭の色が何種類かあれば、どんな色の布地にも色分けができて便利です。

《３１１》

糸は、太さや素材によってさまざまです。ボタン付け、裾上げ、ミシン、刺しゅうなど、用途に合わせて使い分けます。（用途別の糸選びはそれぞれの項目を参照）

《３１２》

しつけ糸は、布地を縫い合わせる前に、布地がずれないように仮に縫って留めておく時に使う、手で切れるほどよりのあまい綿糸です。和紙で束ねておけば、絡まらずに使えます。ロール状のものは保管も楽です。

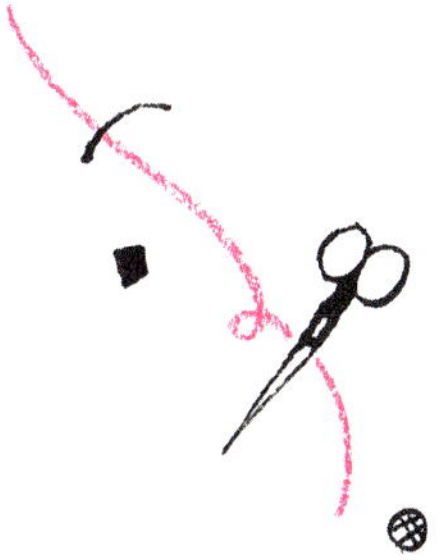

《３１３》

厚い布地や目のつまった布地など、針を通すのに力が必要なものでも、指ぬきがあれば楽に押し出せます。金属製のものはサイズがあるので、自分の指に合ったものを選びましょう。（使い方は３３８参照）

《３１４》

針山は、中綿がしっかりつまったものを選びましょう。手首にはめるタイプだと、ミシンかけや繕いなどの時に、針の抜きさしが楽にできます。

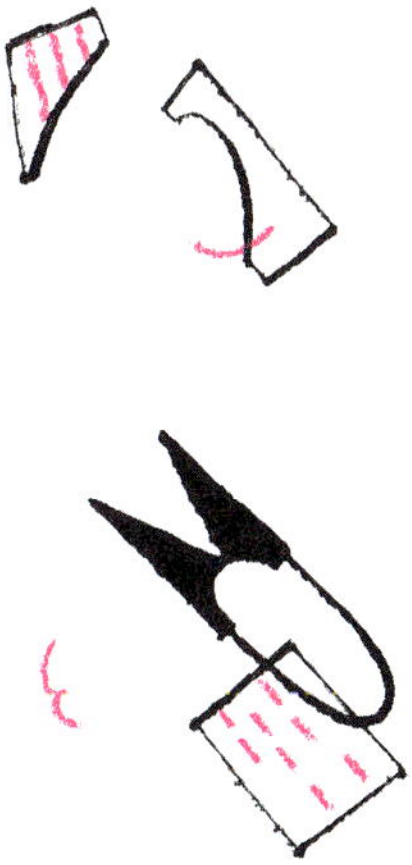

《３１５》
方眼定規は、５㎜間隔で線が引いてあるので、縫い代を付ける時などに便利です。20㎝くらいの竹尺は、短いものを測る時に重宝します。

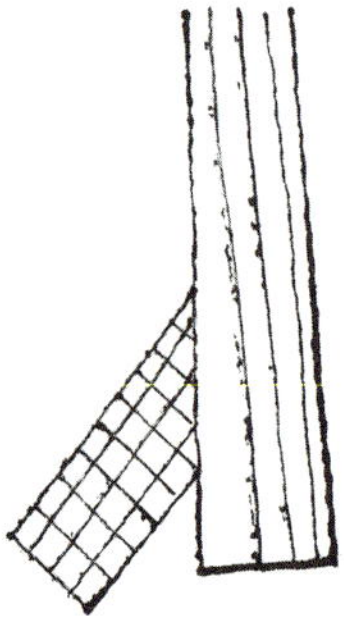

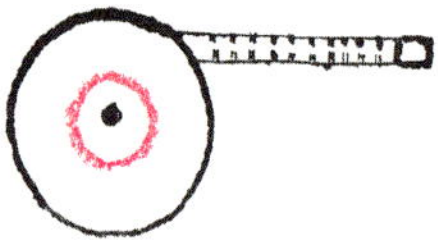

《３１６》
メジャーは、曲線を測る時に使うので、テープ状の曲がるものを選び、劣化して文字が消えたり、伸びることがないか確認しましょう。１５０㎝まで測れて、巻き取り式のものだと使い勝手がよいです。

《３１７》
小ばさみは、先端のとがった切れ味のよいものを選び、先端が欠けないようにカバーやケースに入れて保管しましょう。切る時は、刃の中央から先で切りましょう。

《３１８》
裁ちばさみは布地専用のはさみです。切れ味が悪いと布地を傷めることもあるので、切れ味を試してから選びましょう。布地以外のものを切ると刃が傷むので、紙を切るはさみは別に用意します。

《３１９》
布地に印を付けるために使うチャコにはいくつか種類があります。チャコペンは、インクペンタイプや鉛筆タイプがあり、水や専用のペンで消せます。チャコペーパーは両面用と片面用があり、型紙の上からルレットでなぞります。

《320》
目打ちは、意外と出番の多い道具です。細くとがった先の部分で細かい角を出したり、ミシンかけの時に、手で押さえにくい細かいものを目打ちで押さえることもあります。先をつぶさないように気をつけましょう。

《321》
リッパーは縫い目の糸を切るための道具です。ミシンを間違えてかけた時などに使うと、楽に縫い目をほどくことができます。

《322》
かぎ針は、糸ループを作ったり（335参照）、ニットの簡単な修繕にも使えます。ニット素材の糸が表に飛び出してきた時に、糸の太さに合ったかぎ針を裏側から入れて糸を裏に引き込めば、目立たなくなります。

繕い物のコツ

基本の縫い方を
おさらいして、
きれいで
丈夫に仕上げる
方法を身に付けましょう。

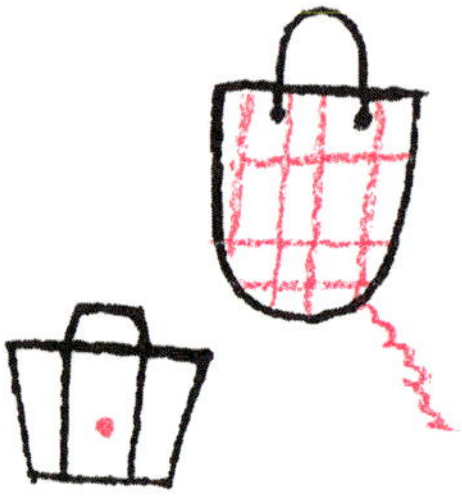

ボタン付け

糸がゆるくなってきたら付け替え時です。落としてなくす前に付け替えましょう。

《323》

ボタン付けなどの繕い物は、外出前などの忙しい時間にやろうとすると、焦ってきれいにできないものです。繕いが必要なものはためておいて、時間がある時に、ゆっくりとていねいに作業しましょう。

《324》

ボタン付けの糸は、ボタンの色に合った太めの手縫い糸（30番手）を使います。糸に巻きぐせが付いているものは、糸を両手でピンと張り、蝋燭に押さえつけながら左右に動かして、糸を紙で挟んでアイロンをかけます。蝋が溶けて糸に染み込み、冷えると固めの真っ直ぐな糸になります。

《325》
ボタンを付ける時、ボタンと布地の間の糸にクルクルと数回、糸を巻き付けて「糸足」を付けます。これにより、糸がしっかり固定されるのと同時に、布地との間にゆとりが生まれるので、かけ外しがスムーズになります。布地を傷めず、ボタンも取れにくくなります。

《326》
ボタンの付け方です。糸に玉結びを作り（327参照）、ボタン付け位置の中心の布地を表からひと針すくいます。ボタン穴から針を出し、対角の穴に刺して糸を通します。そして、最初と同じ位置で布をすくい（a）、糸を引きます。この時、5㎜の糸足を作ります。同様に、ボタン穴に糸を通して布地をすくう、を2、3回行います。糸のかかっていないボタン穴から針を出し、対角の穴に入れて、布地をすくいます。これを2、3回行い、ボタンに十字に糸が渡ったら、糸足に5回ほど糸を巻き付けます。巻いた糸がゆるまないようにして糸で輪を作り、その中に針を通し（b）、糸を引き、輪を締めます。糸足の根元に針を刺し、裏に糸を出して、玉留め（328参照）をします。表に針を出し、糸を表に出して、根元から切ります。

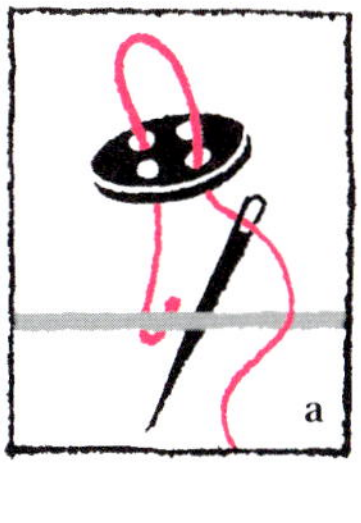
a

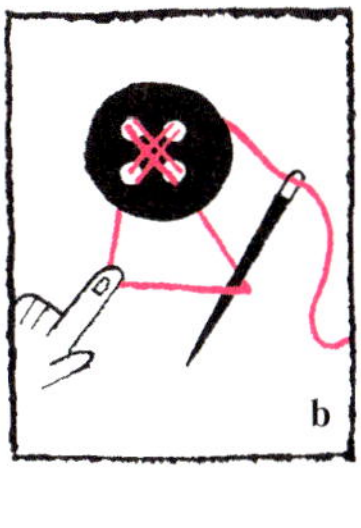
b

《327》

手縫いの縫い始めには、「玉結び」をします。人差し指に糸端を巻き付けます（a）。そのまま親指と人差し指をこすり合わせるようにして糸を数回より（b）、よったところを中指で押さえて、そのまま糸を引きます。糸端が長い場合は、結び目の近くで糸を切ります。

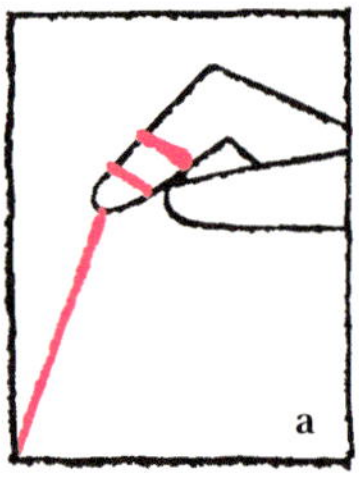

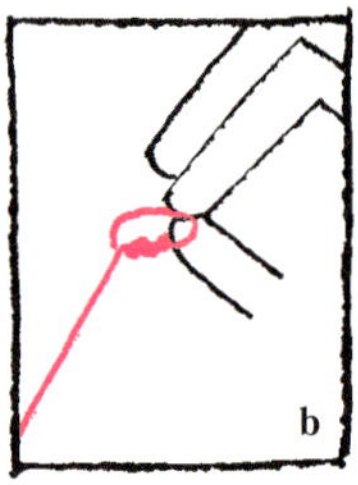

《328》

手縫いの縫い終わりには、「玉留め」をします。糸を出した位置に針をぴったりと重ね、糸を2、3回巻き付けます。巻いた糸をしっかりと押さえながら針を抜き、糸を引き締めて、結び目の近くで糸を切ります。

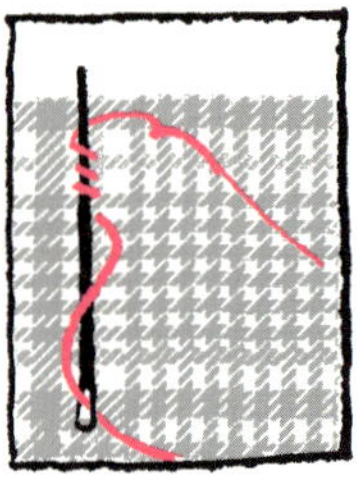

《329》

四つ穴ボタンは、穴に糸を十字に渡しても、平行に渡しても違いはありません。二つ穴ボタンも四つ穴と同様に付けます。

《330》

既製服の機械縫いのボタンは、糸足がないので、糸がゆるくなる前に手縫いで付け替えれば、丈夫で長持ちします。

※イラストではわかりやすくするために糸色を変えてあります。実際は、ボタン、元の糸、布地に近い色の糸を使いましょう。

スナップ・かぎホック付け

スナップはボタンより扱いが楽なので子供服などに、かぎホックはウエストなどのファスナーの上に付けます。付け方は同じです。

《331》

スナップの付け方です。糸端を玉結びにします。スナップの付け位置の中心の布地を表からひと針すくい、凸スナップの穴に糸を通し、はじめにすくった位置にスナップの中心を合わせます。スナップの外側から布地をひと針すくい、穴の中の糸の横に出します（a）。糸を引いてできた輪の下から、輪がよれないように輪の中に針を通します（b）。スナップをしっかりと押さえながら、糸を上に引き、次に下に引きます。このように輪に通すことを「かがる」と言います。これを数回繰り返し、ひとつめの穴を留めます。残りの穴も同様にかがり（c）、表に玉留めをして、スナップと布地の間に針を入れ、スナップの下に糸を渡してから糸端を切ります。

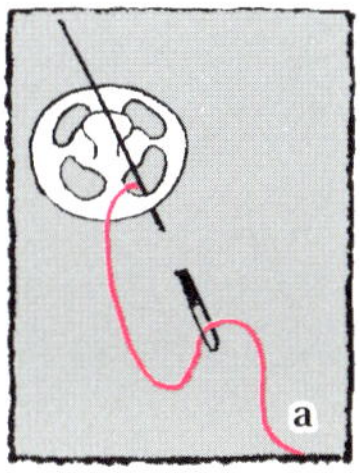

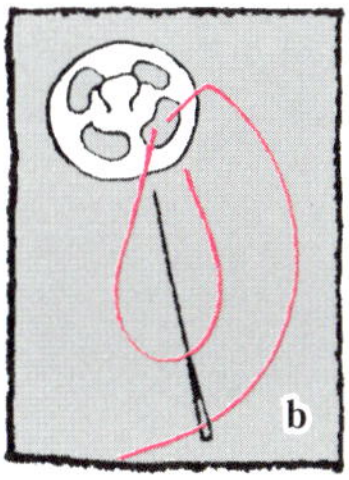

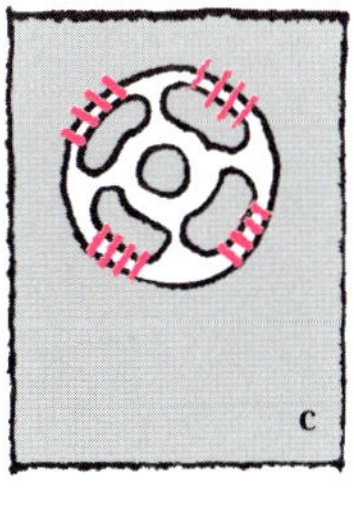

《332》
スナップには凹と凸があります。凹は下前に、凸は上前に付けます。凸を付けた位置に、凹を付ける布を重ね、ぎゅっと押さえて跡を残し、チャコペンなどで印を付け、凸と同じ要領で凹スナップを付けます。

《333》
かぎホック（ひっかける方）は上前の出来上がりから1～2mm内側に入った位置に、留め金（受け取る方）は下前に付けます。

《334》
かぎホックと留め金の付け方は、スナップと同様で、穴の周りを隙間なくかがります（331参照）。穴の中心に向けて、放射状にすくってかがると、きれいに仕上がります。

《335》
小さな針金型ホックの留め具は、糸ループで代用することもできます。手縫い糸でかぎ針編みの編み始めの輪を作り（a）、鎖編みを7mmくらい編んで（b）、糸輪から糸を引き抜きます。ループの糸端を縫い針で布地に留めます。

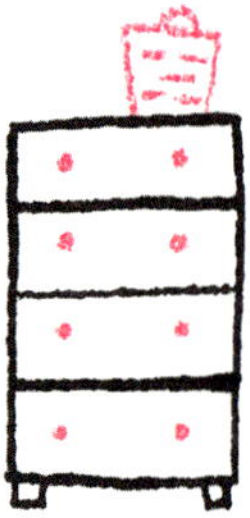

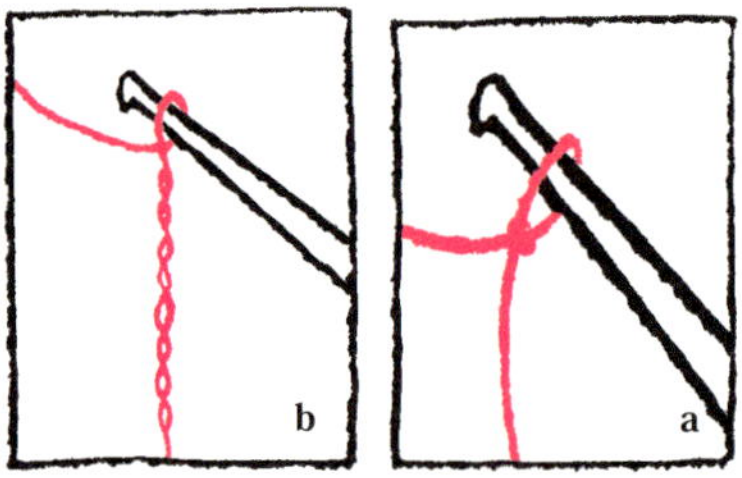

ボタンホールの修繕

服からボタンが外れやすくなったらボタンホールを繕いましょう。着心地がよくなります。

《336》
ボタンホールが広がったら、糸端を玉結びにして、ホールの両際を2、3回縫い閉じれば、ホールが小さくなります。

《337》
ボタンホールがほつれたら、かがります。針に糸を通して玉結びはせず、服の裏の、ほつれの3㎜手前から、元のボタンホールを縫ってある糸の下を通すように針を入れ、ほつれているところから針を出します。布地に針を入れ、表に出します。ボタン穴から針を入れ、ホールの縫い目の際に針を出します（a）。針を引き抜いて輪を作り、その中に針を通して（b）、穴中心側に引き、輪をすぼめて玉にします。これをほつれの終わりまで繰り返します（c）。最後は服の裏の元の縫い糸の下に糸をくぐらせて糸を切ります。

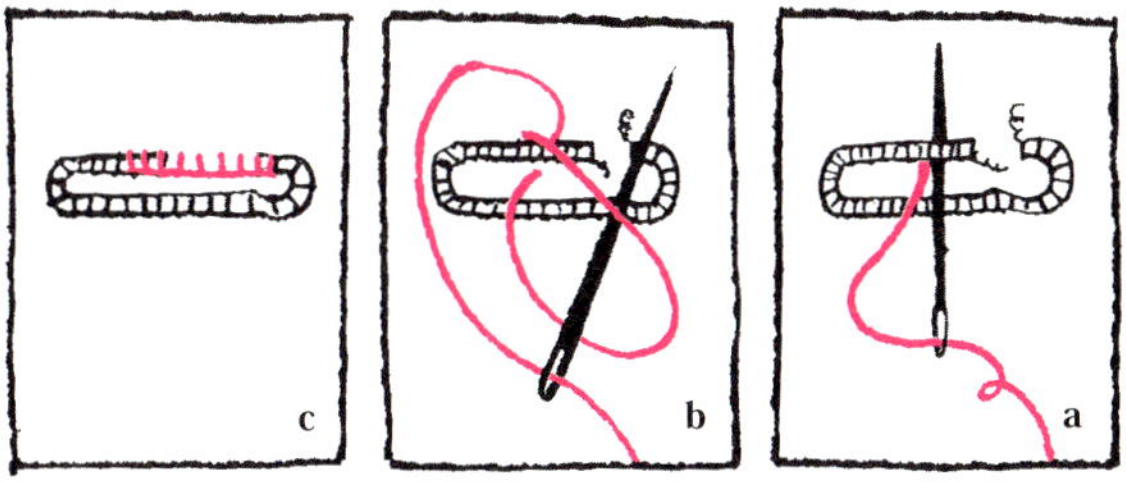

ほつれの修繕

スカートの裾などのほつれは、放っておくと、どんどんほつれてしまいます。気づいたら早めに修繕しましょう。

《338》

正しい針の持ち方を覚えましょう。手縫いでは正しく針を運ぶために指ぬきを使用します。指ぬきは中指の第一関節と第二関節の間にはめます。針は先から1～2cmのところを親指と人差し指で持ち、軽く握ります。指ぬきの穴に針の頭があたるように持ちます。

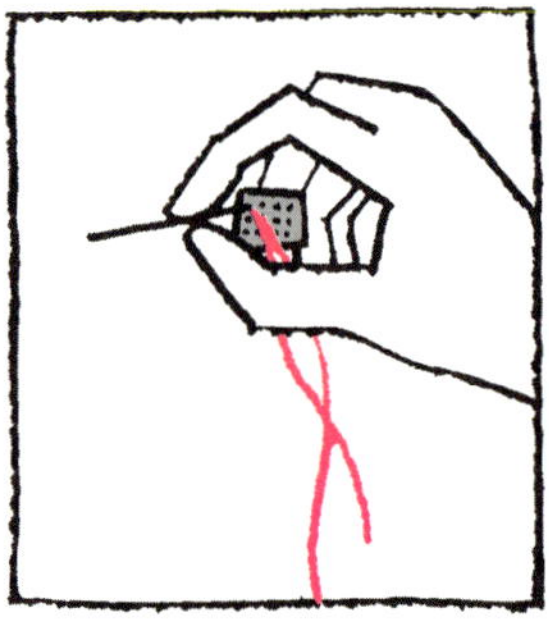

《339》

「並縫い」は手縫いの基本の縫い方で、「運針」とも言います。おもに仮縫いとして用いられます。

《340》

「並縫い」のやり方です。両手を5～10cmほど空けて布地を持ちます。指ぬきを針の頭にあてて押すように親指と人差し指で交互に針を送りながら縫い、左手で布をピンと張るようにします。ひと針4～5mm位の針目で縫い、何針か進んだら針先を表に出したまま糸こき

(指先で縫い目をしごき、布地がつれないようにすること)をします。これを繰り返します。

《341》

縫う前に「しつけ」をするとミシンかけが楽になります。しつけとは、縫い目や折り目を固定しておくための仮の押さえ縫いのことです。表の縫い目が2cm、裏の縫い目が5mmになるよう縫います。

《342》

シャツの袖下やスカートの脇の縫い目がほつれた時は、裏からミシンで縫います。ほつれた糸が絡まないように短く切り、元の縫い目に沿ってミシンで縫います。ほつれの2～3cm手前から縫い始め、終わりは2～3cm先まで縫います。返し縫いは不要です。(ミシンのコツはP126-129参照)

《343》

縫い目のほつれは、ミシンがなければ、丈夫に縫える「本返し縫い」で縫います。玉結びをして、ほつれた部分から2～3cm手前をひと針すくいます。「元の針目まで戻って倍すくい、また元の針目に戻る」を繰り返し、終わりはほつれの2～3cm先まで縫って、玉留めをします。

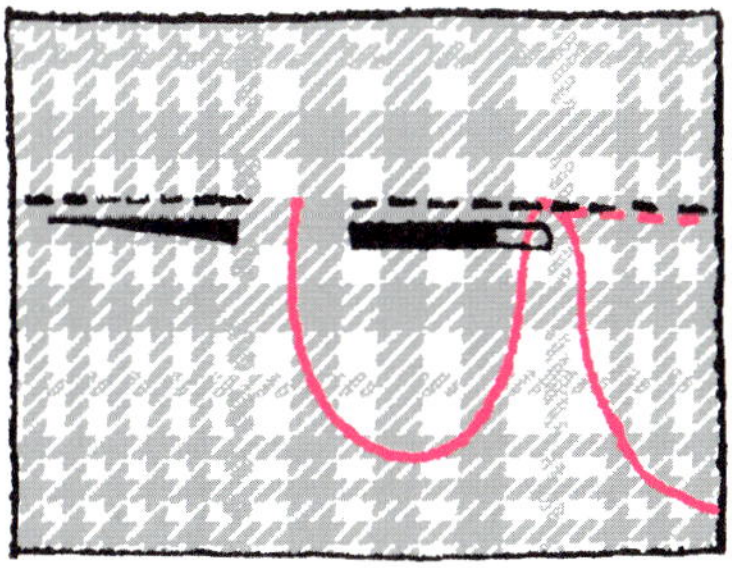

《344》

裾などの縫い代を縫い留める時は「まつり縫い」をします。基本の「普通まつり」は、しっかり留められて、表側にひびきにくいまつり方です。

ほつれているところをまち針で留めます。玉結びをして、折り山に針を出します。針を出した位置で、下の布の織り糸を1、2本すくいます。次に5~7㎜先の折り山から針を出します。これを繰り返し、玉留めをします。

《345》

スカートやパンツの裾の布端をロックミシンなどで始末した場合は、ロックの奥（ミシン目の下）をまつります。布地の内側をまつるので、

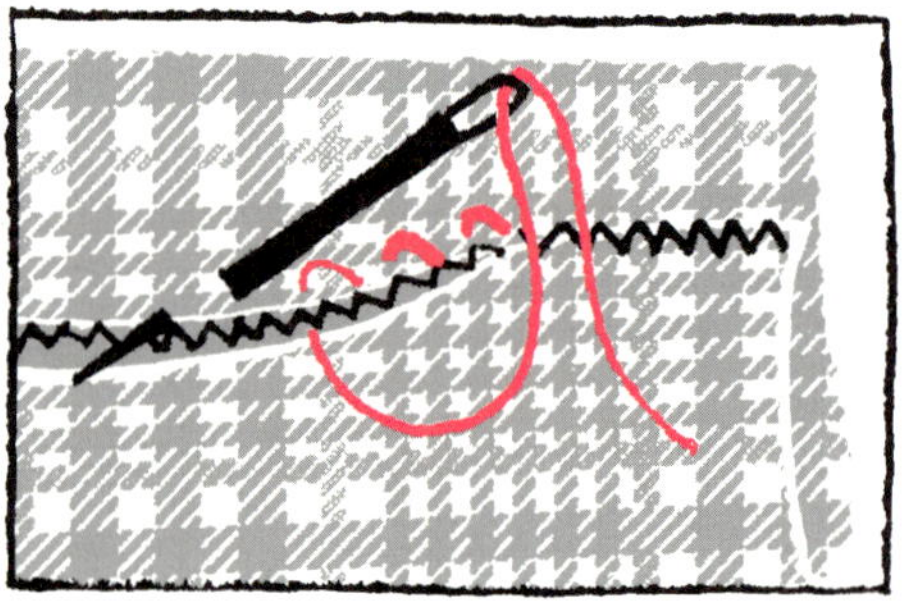

表にもほとんど針目が出ず、糸がスレにくくなります。玉結びをして、折り返した布地の端を手前にめくり、1㎜くらいすくいます。次に5㎜ほど先の、下の布の織り糸を1、2本すくいます。これを繰り返し、玉留めをします。

ゴムの入れ替え

ゴムテープは、脱ぎ着をするうちに伸びてくるので、ゆるく感じたら入れ替えましょう。

《346》

ゴム通しがなければ大きめの安全ピンで代用できます。ゴムテープはウエストのマイナス2㎝がちょうどよい長さです。

《347》

ゴムテープの入れ替えの方法です。リッパーなどでゴムの通し口をほどき、目打ちなどを使って古いゴムテープを引き出します。ゴム通しにゴムテープを入れます。ゴムテープの最後は中に入ってしまわないようにまち針（または安全ピン）で留めておきます。ゴム通し口からゴムテープを通し、布地を軽くしごきながら一周します（a）。ゴム通しが出てきたら引き出し（b）、ゴムテープの端を2㎝ほど重ねて本返し縫い（343参照）をします（c）。ゴムテープを引き込み、通し口を普通まつり（344参照）で閉じます。

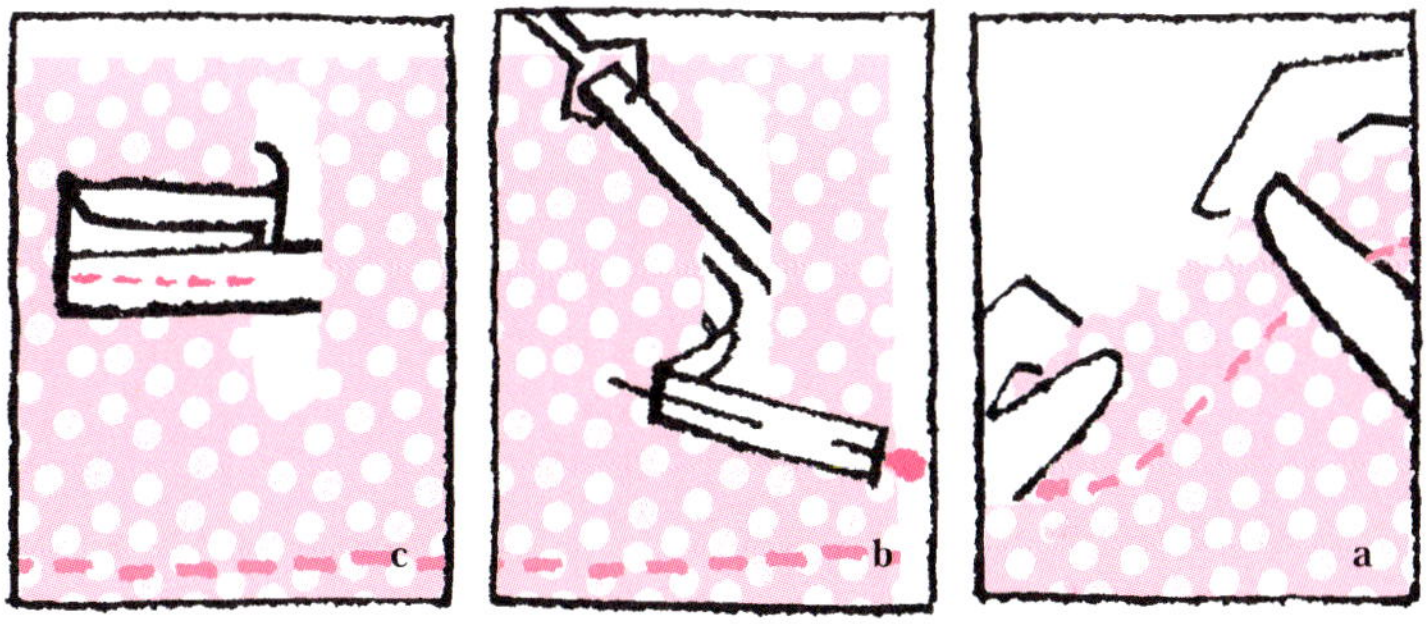

アイロン使い

作品を作る時は、こまめにアイロンをかけると美しく仕上がります。

《348》
アイロンは出番が多い道具です。日常的に使うならスチーム機能のついているものが便利です。また、洋裁には重いアイロンの方が印がつけやすくなります。

《349》
アイロン台は、台の表面がフカフカしていないものを選びましょう。フェルトを圧縮した固めの台に、のり抜きした木綿のカバーをかけたものが使用しやすいです。

《350》
アイロンは正しくかけないと布地を傷める場合もあります。布地の素材に合わせた温度に設定しましょう。アイロン台の上に布地を平らに広げ、軽く力を入れてアイロンを布地に押し当てます。布がよれたりしないように、少しずつ押し当てながら進めます。

《351》
ウール地に表からアイロンをかける時は、あて布を使いましょう。あて布は、のりを抜いた綿のハンカチなどを使います。

《352》
ニットにアイロンをかける時は、スチームアイロンを表面から1㎝浮かしてかければ、目が整い、立体的に仕上がります。

《353》

ミシンでも手縫いでも、1カ所縫い終わるごとにアイロンで縫い目を落ち着かせましょう。縫った部分は布地が少しつれるので、そのまま仕上げると縫い目に凹凸が出てしまいます。

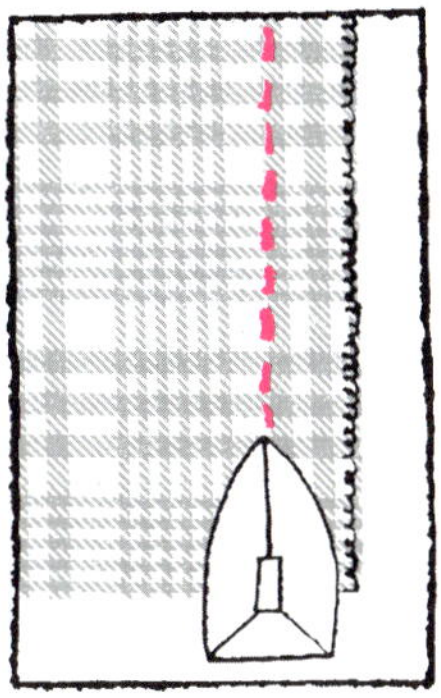

《354》

布地を縫い合わせた時は、縫い目にアイロンをかけ、縫い代を開く場合は、再度アイロンで押さえます。アイロンの先を使い、縫い目からきっちり割ります。縫い目からずれたところで折ると、きれいに仕上がりません。

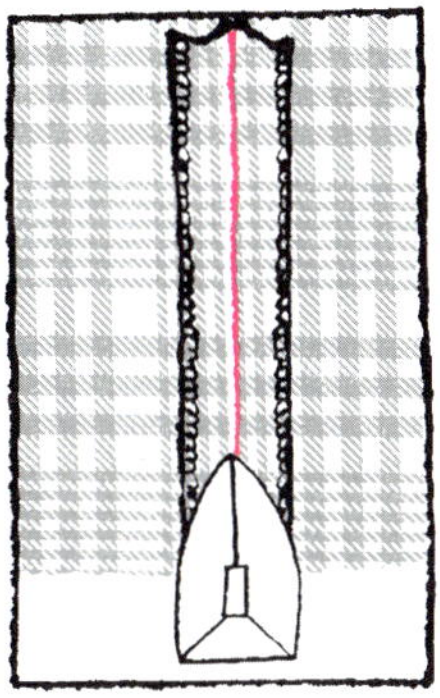

《355》

スカートやパンツの裾の縫い代を折る時に、アイロン定規を使って、アイロンの先で少しずつ折ると、平行できれいな折り目が付けられます。アイロン定規は、市販のものもありますが、手作りすることもできます。はがきサイズの厚紙に、5mm間隔で線を引いて作ります。

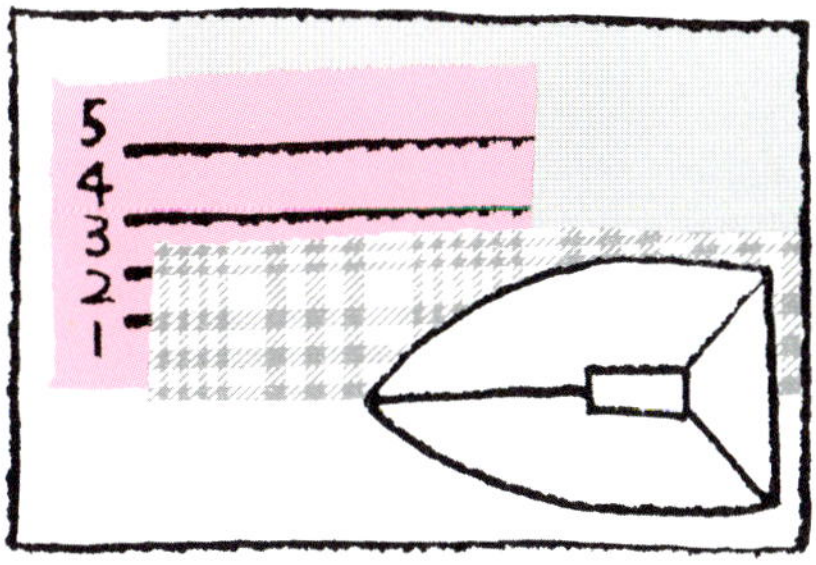

ミシンのコツ

ミシンがあれば
裁縫の幅が広がります。
何度も使って
慣れましょう。

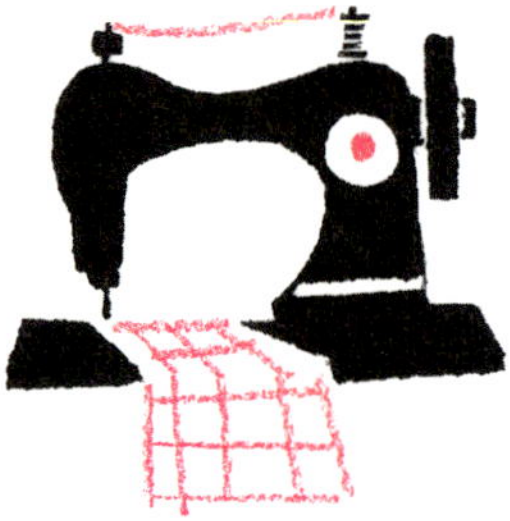

選び方と道具

ミシンは値段によって、機能に大きな差があります。目的に合ったものを選びましょう。

《356》
フットコントローラー付きのミシンだと、両手が使えるので、細かい作業がしやすくなります。

《357》
ミシン糸は、丈夫で色数も豊富なポリエステル糸を。太さは数種類あり、60番手が一般的です。

《358》

ミシン針は、厚い布地には太い針を、薄い布地には細い針を使います。番号が大きくなるほど太くなります。

《359》

糸を巻いたボビンの収納には、クロバーの"ボビンホルダー"が便利です。弾力あるホルダーなので、出し入れが楽です。

使い方

作品を縫う前に、必ず端切れで試し縫いをしましょう。

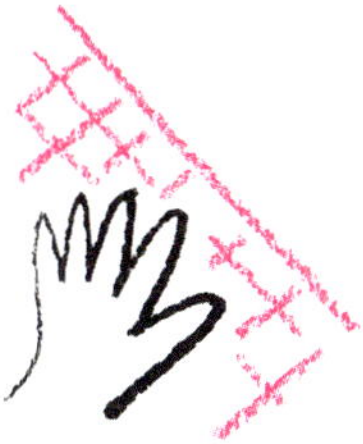

《360》

うまく縫えない時は、糸を掛ける順番が合っているか確認します。説明書を読んで、きちんと糸を掛けましょう。

《361》

ミシンの上糸と下糸の調子を合わせてから縫いましょう。正しい糸調子だと、上糸と下糸が2枚の布の厚みの中央で絡み合っているので、上糸側からは下糸が見えず、下糸側からは上糸が見えません。

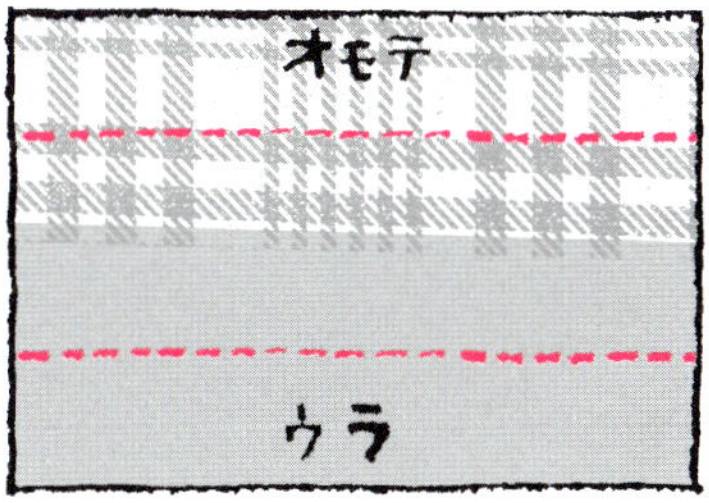

《362》

縫う前に、布がずれないようにまち針で留めておきましょう。縫い目に対して垂直に打っておくと、布がずれません。

《363》

ミシンの縫い方です。布地を押さえ金の下に置き、針、押さえ金の順で下げます。姿勢を正して腕の力を抜き、針の手前と奥に軽く手を添えます。縫い目が曲がらないようにゆっくりと縫い始め、布地を無理に引っぱらず、ミシンの動きに合わせて送ります。

《364》

ミシンの縫い始めと縫い終わりは、そのままでは糸がほつれてしまうので、返し縫いをします。縫い始めは3～5針縫い、ミシンのボタンやレバーを操作して返し縫いをします。なるべく最初の縫い目に重ねるように縫っていきます。縫い始めまで戻ったらもう一度同じところを縫い、その後続けて縫っていきます。縫い終わりも同様にします。

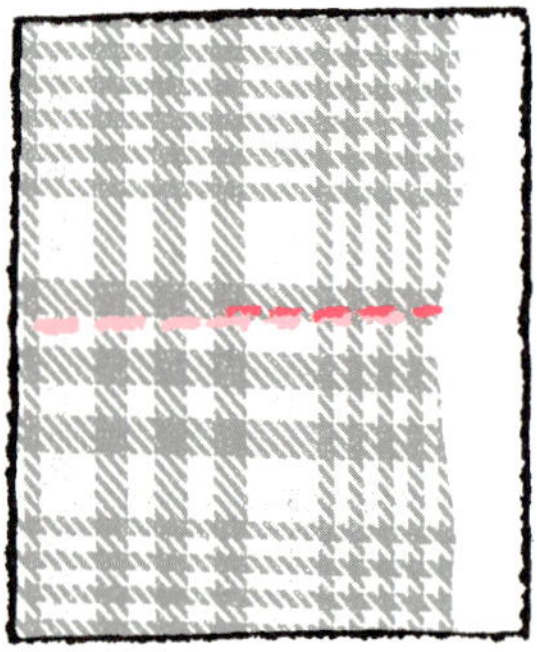

《365》

縫い代のほつれを防ぐには、ジグザグミシンを使います。布端を切る場合は、布端を多めに残して縫い、縫い終わったら縫い目から２㎜くらい外側を切ります。縫い糸を切らないように注意しましょう。

《366》

縫い代の布端をジグザグミシンで縫う場合は、布端から５㎜くらいの位置に針を下ろし、縫い始めます。針は左右に動くので、布端から外れないように縫います。

《367》

ジグザグ縫いの縫い始めと終わりとも、糸端を10㎝残し、糸の根元に輪を作って糸端を引き締めます。糸端を１㎝残して切ります。

洋裁のコツ

難易度の高い、
型紙を使う洋服作りも
基本の知識を覚えて
きちんと準備をすれば、
きれいに仕上がります。

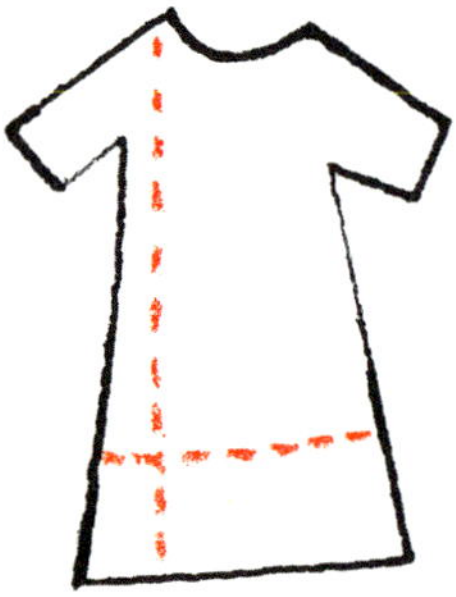

型紙の使い方

型紙の線や製図記号はさまざまなものがあります。わからない記号は確認しましょう。

《368》
実物大型紙はハトロン紙に写して使います。文鎮（ウエイト）で固定し、2Hくらいの鉛筆で型紙の線を写していきます。

《369》
型紙の線が込み入って見づらい場合は、写したい線にあらかじめ赤ペンなどで印を付けておきましょう。直線から写し、合い印、ポケット付け位置、製図記号も写します。長い直線は定規を移動させながら写します。

《370》

写真の点線は「見返し線」です。「見返し」とは、洋裁で身頃の前端、襟ぐり、袖口、あきなどの縁の始末に使用する布です。共布に接着芯を貼ったものを使うことが多いです。

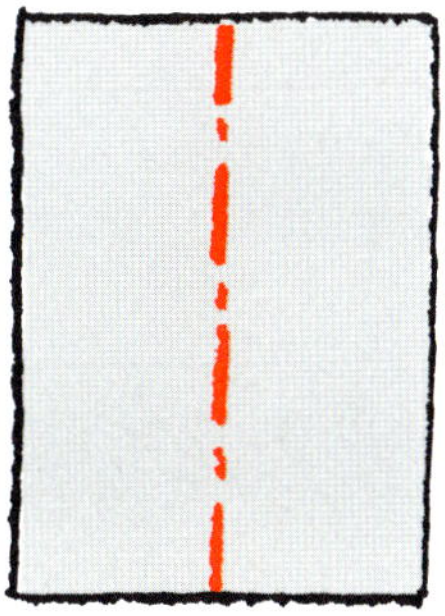

《371》

イラストの矢印は「布目線」といい、縦地（縦糸の方向）を表す線です。矢印で布目の方向を表します。裁断の時、布目を揃えるので、なるべく長めに描いておくとよいでしょう。

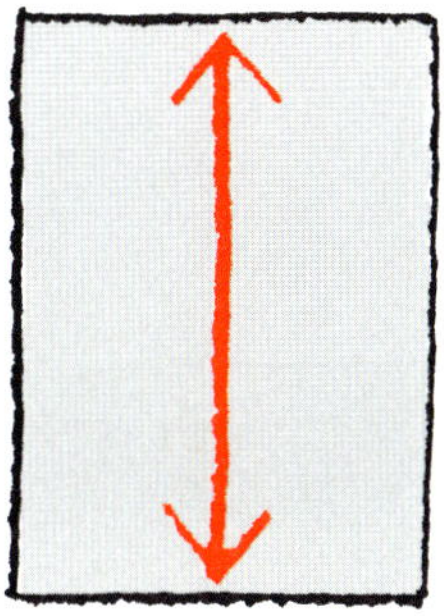

《372》

イラストの印は、2種類とも、身頃の前中心や後ろ中心などで、布を二つに折り、「わ」に裁つことを表しています。

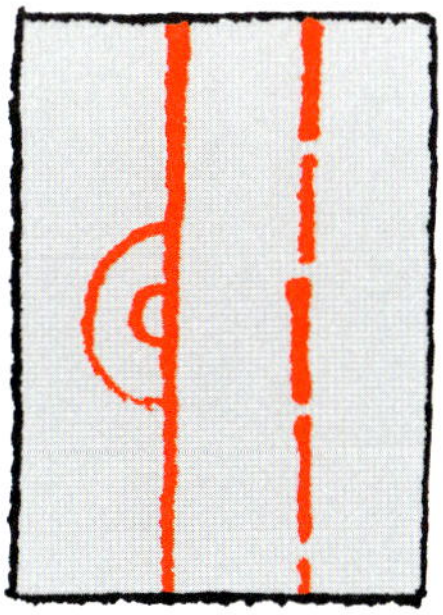

《373》

型紙に縫い代がない場合は出来上がり線に平行になるように縫い代を描きます。縫い代は部位によって異なります。裾は3～4cm、平らな部位は1.5～2cm、カーブがきつい部位は1cmくらいを目安にしましょう。

地直し

布地は加工の時にゆがみが生じる場合があるので、裁断前にゆがみを直しておきましょう。

《374》

綿、麻の地直しは、大きなたらいなどに水をはり、布地をできるだけ大きくたたんで浸け、1時間くらいおきます。中まで水が染み込んだら、手で絞らずに、脱水機または手で押して水気を切り、大きく広げて干し、乾いたら裏からアイロンをかけます。（防縮加工をしてあれば必要ありません）

《375》

地直しをしたら、横糸を、布の耳から反対の耳まで1本通してほぐれるまで抜きます。机などの端に布地の縦地が平行になるように置き、抜いた横糸の目が机に直角になっているかを見ます。横糸の目がゆがんでいる場合は、机に直角になるように布地を引っぱり、アイロンで整えます。

裁断と印付け

できるだけ広くて平らなところで、布を広げて行いましょう。

《376》

左右対称の型紙は、2枚の布地を外表にしておくと、真ん中に両面チャコペーパーを入れて、一度に印が付けられます。型紙の布目線に布目を合わせ、身頃などの大きいものから配置し、まち針で留め、文鎮（ウエイト）を置きます。

《377》

裁断は、布地を動かさずに自分が動くようにしましょう。裁ちばさみは、布がずれないように真っ直ぐ立て、布地を持ち上げないように注意しながら裁断します。

《378》

裁断が済んだら、出来上がり線（縫う線の目安になる）に印を付けます。左右対称のものは、外表にたたんだ布の間に両面チャコペーパーを入れ、型紙の出来上がり線をルレットでなぞって印を付けます。

刺しゅうのコツ

初心者でも
気軽に始められるのが
刺しゅうの魅力です。
絵を描くように
自由に楽しみましょう。

道具と準備

刺しゅう専用の道具を使うと、美しく仕上がります。

《379》
刺しゅう糸は、番号（番手）が大きくなるほど細くなります。25番手刺しゅう糸は、6本取りになっているので、2本、3本と割って使うことができ、好きな太さで刺すことができます。

《380》
刺しゅう針は、番号（番手）が大きくなるほど細くなります。厚地の場合、25番手の糸を4〜5本取りにする時は4、5番の針が、1本取りにする時は6番が使いやすいです。

《381》

布地の裏に接着芯を貼ると、布に張りが出て刺しやすくなります。しっかり仕上げたい時は、シャープ芯を使います。

《382》

刺しゅう枠を使いましょう。小さい布地に刺す時や、大きな布でもサテンステッチのように刺し回数が多く縮みが出やすい時は、刺しゅう枠があると便利です。手に持った時に親指が円の中央にくる大きさがほどよく、女性の手には直径12cmくらいの枠が使いやすいです。

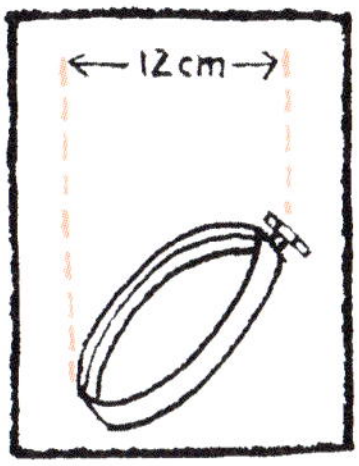

《383》

図案の写し方です。布地の上に図案（のコピー）を載せて、二辺をまち針で留め、その間にチャコペーパーを挟みます。一番上に、セロハンを置き、ボールペンで軽く図案をなぞります。こうすれば、どこまで描いたのかがすぐわかり、図案のなぞりもれがありません。

刺し方

同じステッチでも、使う糸の本数によって、がらりと雰囲気が変わります。

《３８４》
既製のハンカチや洋服に刺してみましょう。シミがついた部分に刺せば、シミ隠しにもなります。

《３８５》
刺し始めと終わりは、返し縫いを入れながら糸を約５cm残しておき、裏側のステッチにくぐらせます。玉留めはしません。

《３８６》
アウトラインステッチは、針目を重ねながら、直線や曲線を描きます。輪郭線などに用います。必ず左から右へ進みます。

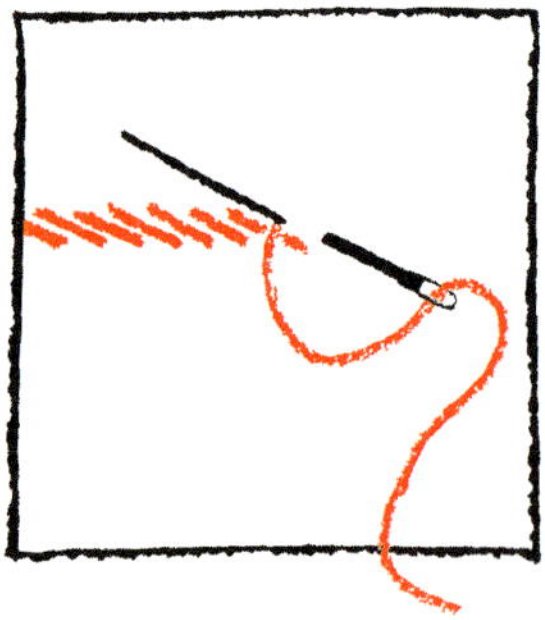

《３８７》
サテンステッチは、間をあけずに糸で面を埋めていき、ツヤや立体感を出します。面積の広い箇所から刺し、端まで刺したら中央に戻り、布地を１８０度回転させ、残りを刺します。

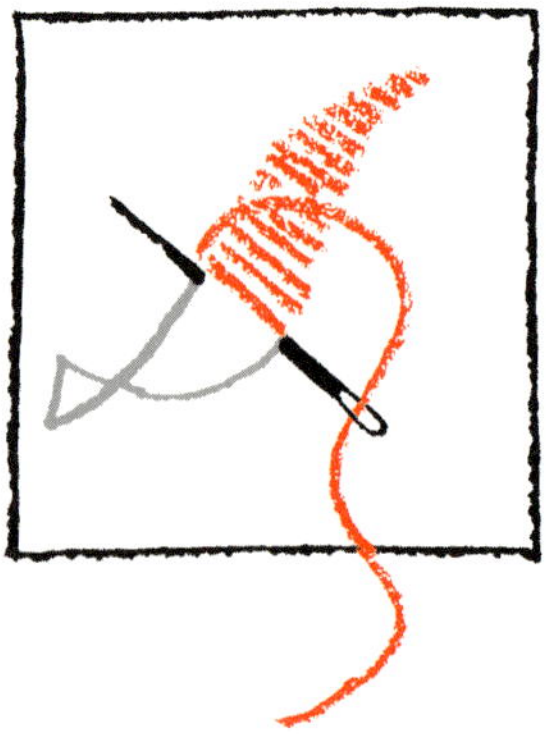

《388》
刺している途中で糸がよれてきたら、いったん刺すのをやめて、刺しゅう枠を持ったまま、針から手を離してみましょう。自然に糸のよじれがほどけます。また、よじれと逆回転に手で回して、よじれをほどいてもよいでしょう。

《389》
ポケットに刺す場合は、ポケットに紙を入れておきましょう。ポケットに針を刺すと、紙に当たるので、身頃を縫い込んでしまうことなく、スムーズに作業ができます。デニム地など、少し厚手の布地に刺す場合は、いらなくなったはがきなどの厚紙を利用してもよいでしょう。

編み物のコツ

根気よく
手を動かすうちに
慣れてきます。
編み進むと、
楽しくなります。

糸選び

糸の選び方で、仕上がりが大きく変わります。上手に選ぶポイントをご紹介します。

《３９０》

毛糸を買う時は、ラベルをよく見ます。その糸で編んだ時に最もよい風合いが出る編み針の号数、標準ゲージ（３９４参照）が書いてあります。

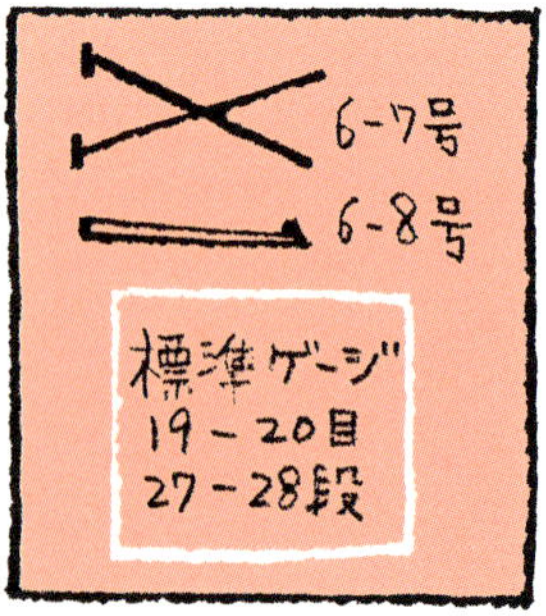

《３９１》

毛糸は、ストレートなもののほうが編みやすく、立体感のある柄を見せるのに向いています。

《３９２》

編み目を目立たせたくなければ、ファンシーヤーンを使用するとよいでしょう。糸の表面の形や、色に変化を持たせた飾り糸のことです。

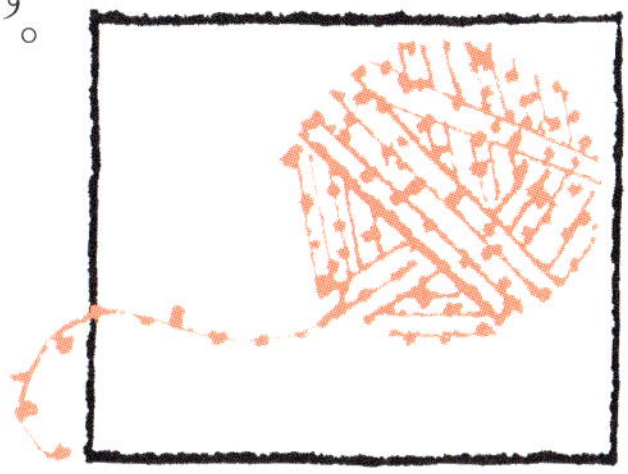

《３９３》

直接肌に触れるものを編む時は、頬や首に毛糸を当ててみましょう。アクリルはカシカシとしたさわり心地なので、肌に触れるものには向いていません。

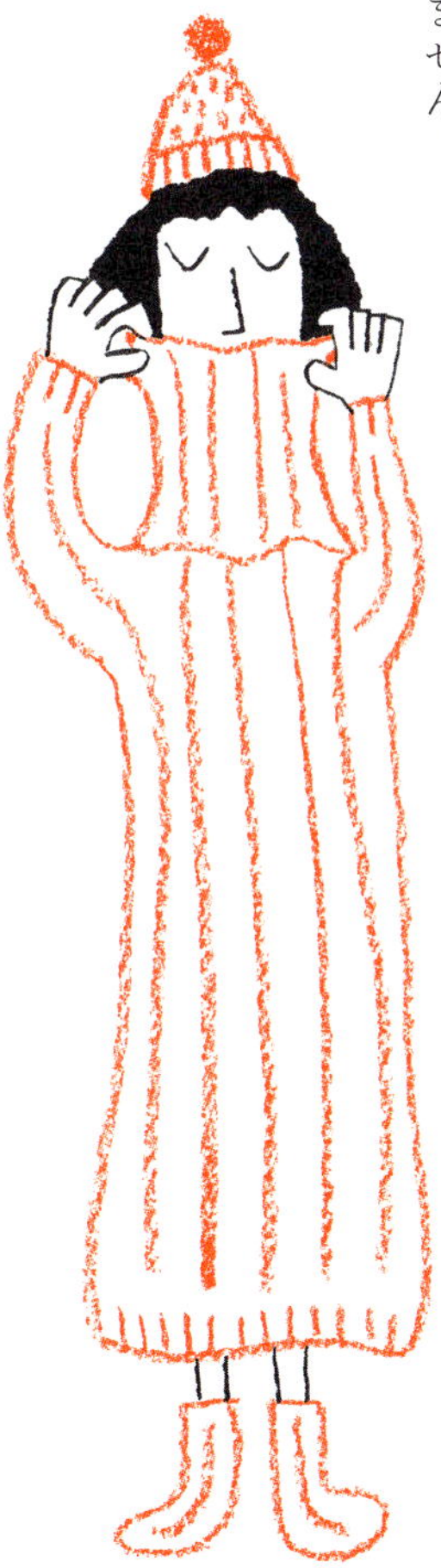

編み方、仕上げ

針と糸を正しく持ち、自分なりの手加減がつかめてくると、編み目が揃いやすくなり、きれいに編めるようになります。

《３９４》

編み目の大きさは、使う糸、針、編む人によって異なります。そのため、編み目の大きさを決める基準（ゲージ）が必要になります。希望の寸法に仕上げるためには、ゲージを正確にとりましょう。

《395》
ゲージは、本番と同じ糸と針と柄で15cm四方を試し編みして、編み目の安定している中央の10cm四方に何目何段あるかを数えます。しかし、それでは時間がかかり、糸をたくさん使ってしまいます。そこで、10cm四方の試し編みをして、中央の5cm四方を数え、2倍にします。その数を10で割ったものが1cm四方の目数段数になります。ゲージをとる前に、試し編みにスチームアイロン（352参照）をかけると誤差が出にくくなります。

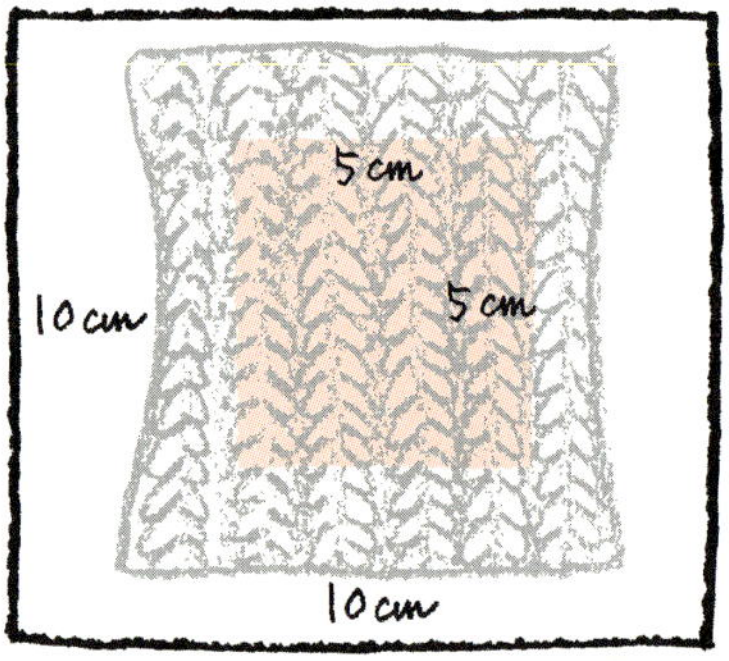

《396》
ラベルの標準ゲージと数が合わない場合は、針の号数を変えて目の大きさを調整するとよいでしょう。数が多い場合は、編地がつまっているので指定の針より太い針を使用します。数が少ない場合は、編み目がゆるいので、指定の針より細い針を使用します。

《397》
棒針編みは、針先のとがっている部分では編まずに、イラストのように針の太さが均一なところで編むと、編み目が整いやすくなります。

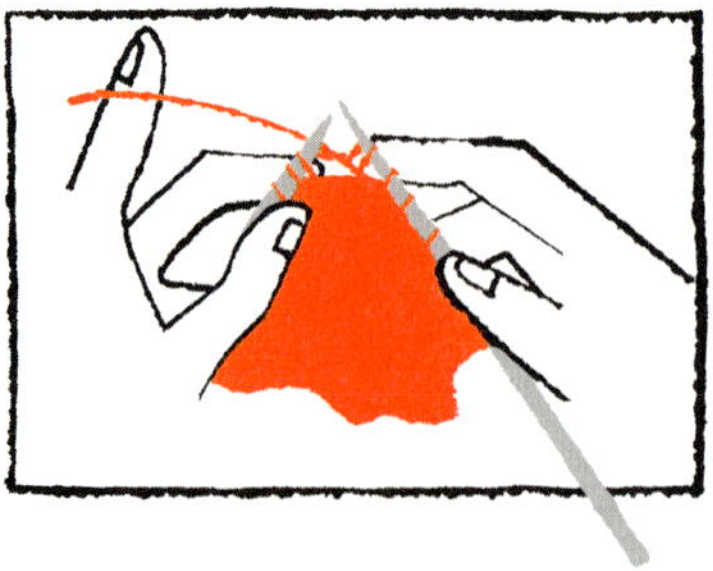

《398》

かぎ針編みは、左手の人差し指にかける糸をピンと張ると編みやすくなります。細い糸は小指に巻き付けると滑りにくくなります。

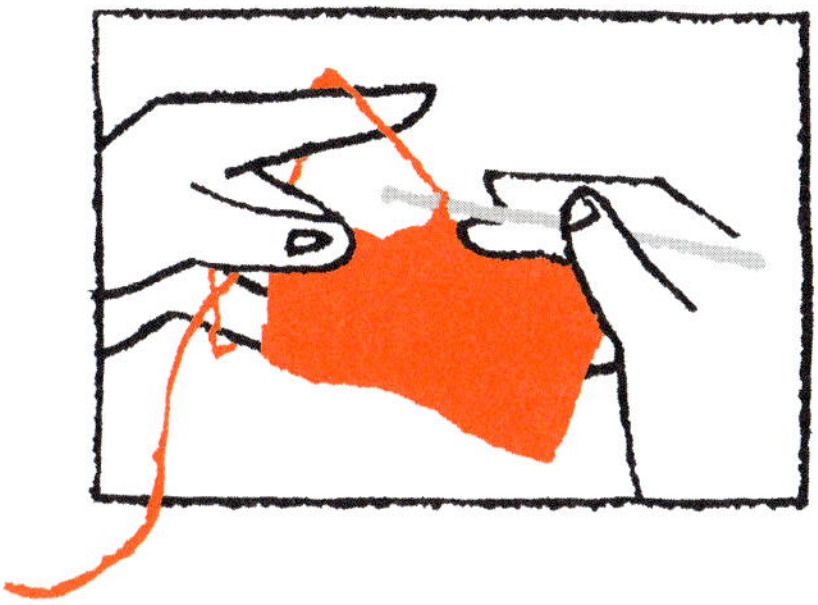

《399》

かぎ針編みは、針に糸をかけ編地に入れる時にかぎを下に向け、抜きながら手首を返し、かぎを上に向けると編みやすいです。

《400》

仕上げにスチームアイロン（352参照）をかけると、形が整ってきれいに仕上がります。アイロン台の上にまち針で留め、裏面を先にかけてから表面にかけます。

第五章　美肌１００のコツ

文　松浦弥太郎

一度好きになったものは、嫌いにならないという自信がある。

人はもちろん、ものやこと、どんなことでも、一度でも好きになったら、その気持や思いはずっと変わらない。そんなことあたりまえといえば、あたりまえだけれど、今まで生きてきた中で、ひとつ胸を張っていえることは、好きなものをずっと好きでいたことだ。日々の暮らしには、いつもこんにちはとさよならがあって、さよならはつらいことだけれど、だからといって、思いや気持ちが変わることはない。

好きになった人、好きになったものやこと、好きになったいろいろが、生まれてから今日まで数えきれないほどたくさんある。それらは心の中の引き出しの中に、ぶつかり合わないように、一つひとつそっと置いてあって、こんなことやあんなこと、どんなにささやかなことも、捨てることなく、大切にしている。

普段言葉にしている「今日もていねいに」とは、日々の暮らしを楽しむための工夫の心もちです。そして、はっと思った、ささやかなこと、すてきなことを拾い上げること。うれしいこと、悲しいこと、つらいことにもありがとうと思うこと。そんな一つひとつを両手にのせて、みんなと分かち合うこと。あたかも大好きな友だちを紹介するように。

いつかあなたの引き出しの中にあるものも見せてください。話しを聞かせてください。一度好きになった、ものやこと、どんなことでも、今でもずっと好きと思い続けている、そのことを。

肌がきれいだと、
自信とゆとりが持てて、
表情も明るくなり、
人と会うのが楽しくなります。
知っておきたい
「美肌のコツ」をご紹介します。
肌と向き合い、
上手に付き合っていきましょう。

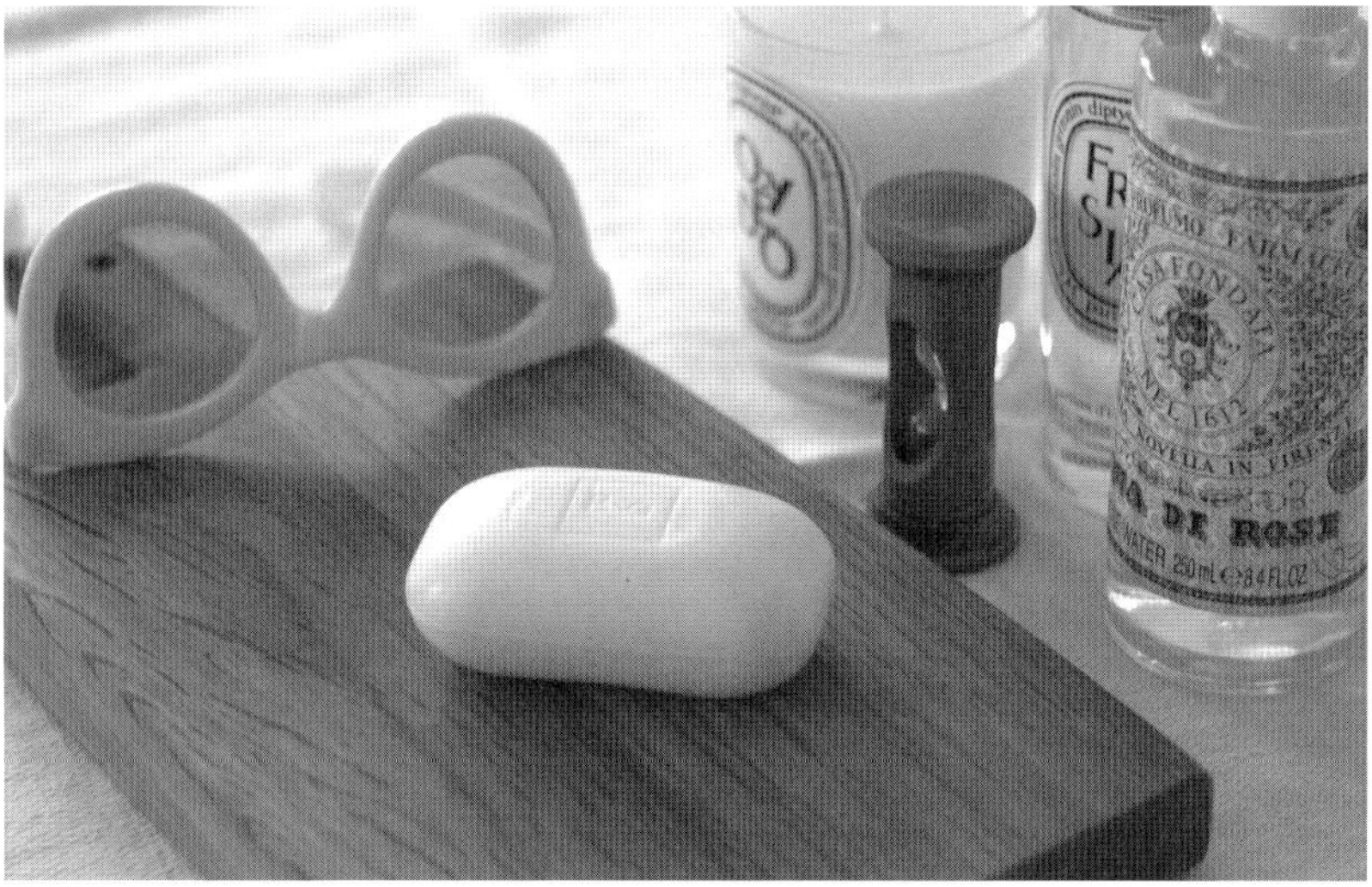

基本のコツ

肌を知りましょう。
具体的なコツを
実践する前に、
知っておくべき肌の基本を
おさらいします。

《401》
清潔で、健康な肌こそが、美しい肌です。年齢とともに悩みが出てくるのは当然のこと。年齢相応の美しい肌を目指しましょう。

《402》
美肌には、日々のお手入れと、睡眠、食事、ストレス対策などの生活習慣美容との2つの柱で取り組みましょう。

《403》
美肌への第一歩は、肌の状態をよく知ることです。肌は刻一刻と変化していて、一日の間でもその時々で状態は異なります。

《404》

肌状態を知るために、まずドライ度をチェック。

□日中、肌がつっぱることがよくある
□口元、目のまわりがカサカサしやすい
□肌荒れを起こしやすい
□化粧のりが悪く、仕上がりが粉っぽい
□きめが細かい

チェックの数があなたのドライ度です。

《405》

オイリー度をチェック。

□日中、肌のテカリがかなり気になる
□何度も脂取り紙を使わなければならない

□化粧が崩れやすい
□頬の毛穴が目立つ
□額や頬にニキビができやすい

チェックの数がオイリー度です。

《406》

ドライ度、オイリー度ともに0〜2の人は普通肌です。今の肌状態を維持するように努めましょう。

《407》

ドライ度3〜5、オイリー度0〜2の人は乾燥肌です。保湿に重点を。肌が水分を保つ力を向上させましょう。

《408》

ドライ度0〜2、オイリー度3〜5の人は脂性肌です。洗顔で皮脂をきちんと落とし、油分が少ないタイプの化粧品を使いましょう。ストレスや寝不足で皮脂が増えることもあるので、お手入れだけではなく、生活習慣を見直すことも必要です。

《409》

ドライ度、オイリー度ともに3〜5の人は混合肌。乾燥すると余計に皮脂が多くなる可能性があります。保湿ケアで皮脂を抑えましょう。

※404から409の肌チェックは岡部美代治氏監修により作成

《410》

肌の構造を知りましょう。外部のダメージから肌を守り、肌内部に水分を蓄える表皮と、血流で栄養や酸素を肌のすみずみまで届けて、中から支える真皮からできています。表皮と真皮それぞれの機能が補完し合い、健康で美しい肌ができあがっています。

《411》

肌の大事な機能の一つがバリア機能です。表皮にある厚さ0・02㎜の角層が、水や異物が肌の中に入り込むのを防いでいます。

バリア機能が低下すると、外部刺激を受けやすくなり、肌荒れを起こします。

《412》

表皮が生まれ変わるターンオーバーも大事な機能です。一般的には28日のサイクルで生まれ変わりますが、加齢によって遅くなり、40代には40日になるともいわれます。ターンオーバーの低下により古い角質が蓄積して、肌は硬く、厚くなるので、くすみやシミの原因に。また肌の再生が遅くなるため、ニキビや肌荒れが治りにくくなります。

《413》

紫外線によるダメージを受けた肌はシミができやすくなります。表皮に紫外線が当たると、細胞はダメージを受けメラニン色素を作ります。本来はターンオーバーで排出されるはずのメラニンが、肌構造の変化により残ってしまうとシミに。できたシミは、化粧品ではなかなか消すことはできません。

日中のコツ

大切なのは肌を守ること。
肌をよく観察して
状態に応じた
ケアをしましょう。

《414》
今までより時間をかけて、丁寧に朝のお手入れをしましょう。日中肌がさらされる、さまざまな状況、ダメージから肌を守るには、朝のお手入れが大事です。

《415》
洗顔を変えれば、肌は変わります。洗顔時の皮脂の落としすぎはバリア機能低下を招き、肌荒れや敏感肌などのトラブルを引き起こします。まずは今使っている洗顔料を見直してみましょう。

《416》
洗顔料は、使い心地の良さで選びましょう。ただし脂性肌の人は、皮脂をきちんと落とす洗浄力があるものを、洗顔後かなりつっぱり感がある人は、皮脂の落としすぎなので洗浄力が弱いものを使います。

《417》

洗顔料はしっかり泡立てて、やさしく洗いましょう。毛穴の黒ずみが気になる人はごしごしと洗いがちですが、毎日正しい洗顔をしていれば解消されます。

《418》

洗う順番は皮脂分泌の多いところから。Tゾーン→Uゾーン→口元・目元の順で洗いましょう。皮脂の洗い残し、落としすぎが防げます。

《419》

洗顔後のすすぎは、人肌の温度でしっかりと。冷たすぎると汚れが落ちず、熱すぎると皮脂を落としすぎてバリア機能が低下したり、乾燥したりします。

《420》

化粧水には肌の準備体操の役目があります。きめを整え、肌を柔らかくし、その後に使う美容液や乳液、クリームの成分の浸透を促します。

《421》

準備が整ったら保湿です。保湿とは水分を蓄えられる肌体質を作ること。保湿成分が含まれる美容液や乳液、クリーム（一部の化粧水も）がその役割を果たします。

《422》

保湿効果のある化粧品選びは、保湿成分であるセラミド、レシチン、ヒアルロン酸、コラーゲン、エラスチン、グリセリンなどが含まれていることをめやすにしましょう。

《423》

保湿をすると、肌はバリア機能が保たれ強くなります。保湿は過剰な皮脂分泌やそれに伴うニキビ、乾燥による小ジワやくすみ、敏感肌も解消する万能薬になりえます。

《424》

脂性肌や、ニキビが気になる人も乳液やクリームは使いましょう。油分が少なめの乳液やクリームが発売されています。化粧品カウンターで相談してください。

《425》

クリームは乳液に比べ、保護成分がたくさん含まれていますが、油分の多いものもあります。使用感や肌タイプに応じて、クリームと乳液を上手に使い分けましょう。

《426》

美容液は肌の悩み別に選ぶことをおすすめします。保湿重視、美白、エイジング対策など、悩み別に効果がある成分をしっかり肌に与えることができます。

《427》
肌が敏感になったら、使う化粧品の数を減らしましょう。化粧品で治そうとあれこれ肌をいじりすぎると、かえって悪化させてしまいます。

《428》
悪化して、皮がむけたり、赤くなっている箇所がある場合は、お手入れはせず、自然回復を待つ、もしくは皮膚科で診断を受けてください。化粧品は薬ではありません。

《429》
428のような時は、基本的にはメイクも禁止。ただし肌トラブルを抱えたままの外出が強度のストレスになる場合は、そのストレスでかえって悪化させてしまうことも。隠す程度のうっすらメイクならいいでしょう。

《430》
季節の変わり目や生理前、花粉症の人は花粉の飛ぶ時期など、肌が敏感になる時期を把握して、外部刺激から肌を守るバリア機能を保湿で高めて、予防しましょう。

《431》
肌アンテナを大事にしましょう。春夏、秋冬で化粧品を使い分ける場合は、暦ではなく、温度と湿度など、朝目覚めて肌が感じた天候の変化で使い分けます。

《432》
鏡を見て「顔色が冴えないな」と思ったら、くすみかもしれません。くすみはターンオーバーの低下、乾燥、血行不良などが原因。原因を考えて、対処しましょう。

《433》
紫外線対策として、日焼け止めを一年中、使いましょう。長袖の洋服や帽子では、完全には紫外線を防ぎきれません。

《434》
室内にいる時や近所への外出時にも、紫外線に注意しましょう。紫外線で肌が弱り、シワ・たるみなどの老化が加速します。

《435》
日焼け止めは、SPF20・PA++をめやすにしましょう。海や山でのレジャーやペットの散歩など長時間太陽光を浴びる場合は、アウトドア用のものを使ってください。

《436》
生理前は、普段よりも紫外線対策を丁寧に。黄体ホルモンの分泌が多くなるこの時期は、紫外線の影響を受けやすく、シミができやすくなると考えられています。

《437》
最近では、紫外線カットの効果がある化粧下地やファンデーションも発売されています。日焼け止めと組み合わせて、上手に取り入れましょう。

《438》
たくさん笑いましょう。日ごろから表情筋を使って鍛えることによって、たるみを予防することができます。

《439》
ストレス解消法を見つけましょう。ストレスは肌のあらゆる悩み・トラブルの元になり、老化を加速させます。

《440》
日中、乾燥が気になる人は保湿成分入りの化粧水ミストやメイクの上からでも使える美容液で保湿しましょう。そして朝のお手入れできちんと保湿ができているか見直してください。

《441》
タバコを吸うと血行が悪くなり、ビタミンCが消失します。ニキビや老化の促進、肌の弾力低下などの原因になるので、美肌を目指す人は、タバコをやめましょう。

《442》
生活習慣を改めて、運動不足を解消しましょう。血行不良や不眠症ぎみな体質が改善され、ストレス解消にもなります。

《443》
目元の浅くて薄いシワ、いわゆるちりめんジワは、朝晩のお手入れでしっかり保湿をするだけで解消が期待できます。

《444》
ニキビが気になる人は、日中、皮脂を脂取り紙で押さえましょう。取りすぎると肌は油分が足りないと判断して、余計出そうとする可能性があるので、ほどほどに。

《445》
鏡を見る回数を減らしましょう。ニキビやシミ・シワの数を、鏡を見ながら数えていませんか？　数を数えて感じたストレスが、新たな悩みの芽になる場合があります。

夜のコツ

夜は、
肌を作るための時間です。
お手入れ、
睡眠、入浴で、
美しい肌作りをしましょう。

《446》
メイク落としは、使用しているファンデーションと同じメーカーの商品を選びましょう。自社のファンデーションがよく落ちるように開発されたものですから、するりとメイクが落ちます。

《447》
メイクをしっかりしている人は、洗浄力が弱めのジェルタイプ、ローションタイプのクレンジング剤では不充分な場合がありす。一方オイルタイプは洗浄力がありますが、肌の水分が逃げやすいため、年齢が上の人は注意が必要です。洗い方やその後のお手入れは、日中のコツを参考にしてください。

《448》
化粧品の説明書を読み直してみましょう。思い込みで、間違った使い方をしていませんか？　化粧品メーカーは、より高い効果を発揮する使い方を考えて開発をしています。説明書は美肌のヒントが満載です。

《449》
化粧品の効果を最大限に引き出すには、信じて使う心理的な要因も大切です。カウンターできちんと話を聞き、サンプルを試してから、納得したうえで選びましょう。

《450》
迷ったら、化粧品と医薬品の間に位置する医薬部外品を選ぶのもひとつの方法です。医薬部外品は、厚生労働省の承認を受けた成分が含まれ、効能をうたうことが認められているので、効果が分かりやすいのです。

《451》
同じメーカーの同じシリーズの化粧品は、それぞれが補い合い、より効果を発揮するように作られています。一般的にシリーズで使う方が、効果が高くなるのです。

《452》
化粧品は継続して使うことで効果が感じられるものです。価格帯、使い方や手間のかかり具合が自分に合っているかどうかも、選ぶにあたって大事な指標です。

《453》
同じ化粧品を使い続けていると、使用感に

慣れ、自分の肌に合っているのか分からなくなります。時には新しいものを使い、化粧品を見直してみるのもいいでしょう。

《454》

季節はもちろんのこと睡眠や食事、ストレスの度合いによって、肌は変わります。いくつかのタイプの化粧品をもっておき、肌状態で使い分けるのが、美肌上級者です。

《455》

化粧品は予防するためのものと考えましょう。できてしまったシミやシワ、トラブルを治すのは、なかなか難しいものです。

《456》

ファンデーションを使わず、日焼け止めだけを塗った日にも、クレンジング剤を使用しましょう。日焼け止めの多くは、通常の洗顔料では落ちにくくなっています。

《457》

家庭用のピーリング化粧品を上手に使いましょう。ケミカルピーリング剤でターンオーバーを促進すると、肌が再生し、くすみ、シワ、シミの改善が見込めます。

《458》

肌の状態によっては、ケミカルピーリングが刺激になり、赤くなったり、発疹が出たりすることがあります。その場合は、すぐに洗い流して、使用を中止してください。

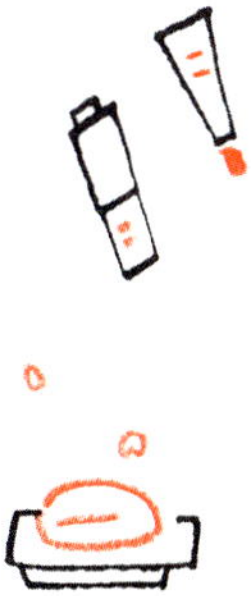

《459》
家庭用ピーリング化粧品の代表的な成分としては、グリコール酸やリンゴ酸、クエン酸、乳酸などがあります。

《460》
活性酸素は、老化の一因。増えすぎると細胞や組織を傷つけます。紫外線やストレス、タバコ、食品添加物などにより増えるので注意しましょう。

《461》
美白化粧品は、容器や「○○ホワイト」などの商品名に惑わされないように注意。美白成分のビタミンC誘導体、アルブチン、コウジ酸、カミツレエキス、ルシノール、トラネキサム酸などを含むものを選びましょう。

《462》
美白化粧品は一年中使いましょう。美白の基本は、メラニン色素を生成するプロセスを抑え、シミを作らせないこと。メラニンは、紫外線に当たると季節を問わず作られるので、一年中使ってこそ効果があります。

《463》
シワ・たるみなどを予防するアンチエイジング成分は、ビタミンC誘導体、CoQ10（コーキューテン）、レチノール、AHA、BHAなどがめやすになります。

《464》

小鼻から口角に八の字に伸びるほうれい線は、シワではなく、たるみが原因です。化粧品での解消は困難なので、463のようなアンチエイジング成分の入った化粧品とマッサージで予防に努めましょう。

《465》

毛穴を過剰に気にするのはやめましょう。毛穴の黒ずみは汚れではなく、メラニンや、くぼんでいるためできる影の場合が多く、他人の目には、本人が気にするほど見えていないものです。

《466》

市販の毛穴パックの使用には注意が必要です。刺激が強いので皮がむけたり、赤くなったりする原因に。余計に毛穴が広がる危険性もあります。

《467》

頬に見られることが多い老化による毛穴は、ケミカルピーリングで、ターンオーバーを正常なサイクルにすることによって、多少目立たなくなります。

《468》

毛穴は肌のきれいな日本人特有の悩み。肌のきめが細かく、美しいからこそ、毛穴にまで目が行き届くのです。日本人の美しい肌に自信を持ちましょう。

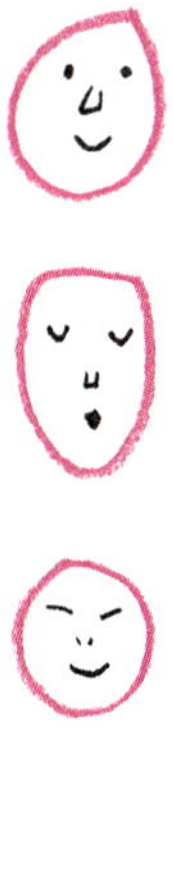

《469》
大人ニキビは、過剰な皮脂分泌だけではなく、ストレスや睡眠不足、食生活、タバコ、ホルモンバランスなどの原因が考えられます。原因に応じた策をとりましょう。

《470》
乾燥肌の人、もしくは皮脂分泌が少ない部位に、オイルフリーのニキビ専用化粧品を使うと乾燥し、新たなトラブルを招く危険性があるので注意しましょう。

《471》
生理後に分泌される卵胞ホルモン（エストロゲン）は肌を潤し、コラーゲンを増やす作用があります。エストロゲンの力で生理後の肌は安定しているため、新しい化粧品を試しやすく、美白やアンチエイジングのお手入れに効果が出やすい時期です。

《472》
お風呂は湯船に入りましょう。リラックス効果、ストレス発散効果があるだけではなく、血行が良くなって、アンチエイジング効果が期待できます。

《473》
血行を良くするには、マッサージもひとつの方法です。マッサージクリームを塗り、リンパに沿って、下から上へ、内側から顔の筋肉をほぐすようにしましょう。

《474》

年とともに顔の筋肉がこり固まってくると、シワが付きやすく、また目立ちやすくなるものです。血行促進のマッサージは、こり解消にも効果があります。

《475》

美肌に最も重要なのは睡眠です。6時間睡眠をめやすにしましょう。細胞分裂を起こし、肌の再生を促す成長ホルモンは、深い睡眠状態になってから1.5～3.5時間後に分泌のピークになるといわれています。このピークの時間に深く、良質な眠りを心がけましょう。

《476》

睡眠不足を気にしながら、お手入れに時間をかけるなら、10分でも15分でも早く眠りにつきましょう。しっかり眠るだけで、肌はかなり変わります。

《477》

美肌のゴールデンタイムは22時～2時の間。仕事や家事などで、早く寝るのが難しい人も、日付が変わるくらいの時間には、就寝するようにしましょう。

《478》

就寝時間を一定にしましょう。寝る時間を一定にすると成長ホルモンがスムーズに分泌され、恒常性が保たれるので、肌トラブルが少なくなると考えられます。

食べるコツ

健康な体と
全身の活力から、
美肌は作られます。
食べ物を変えれば
肌も変わるのです。

《479》
食べたもので肌は作られています。今、肌に気になる箇所がある人が、そのままの食生活を続ければ、肌もそのまま、もしくはさらに悪化する、と思ってください。

《480》
体や肌に良いと言われているものを摂るのもよいのですが、それが自分に合っているかどうかを考えましょう。摂りすぎるのも問題です。

《481》
低カロリーな食事で体が冷えると、代謝が下がり肌は栄養不足になります。まずは市販の0カロリー飲料をやめてみましょう。

《482》

まずは、食べたものを記録する習慣をつけましょう。肌の調子がいい時、その少し前に何を食べたかが分かれば、自分の体や肌に合った食べ物に気づけます。

《483》

食べ物記録で、「足りないもの」をチェックしましょう。摂りすぎたものを減らすことではなく、足りないものを補うからこそ、肌は変わるのです。

《484》

食生活を変えると、ターンオーバーの1サイクル（通常28日）後には肌が変わってくるでしょう。乾燥や化粧ののり、テカリなどは、もう少し効果の実感が早いはずです。

《485》

内臓をあたためる食事（薬味や根菜）、温かい飲み物を摂るよう心がけましょう。内臓が冷えると代謝が下がるだけでなく、美肌に必要な栄養の吸収が行われません。

《486》

主食は、日本人の体質に合い、消化・吸収されやすい米に。パンやパスタなどの小麦製品は体を冷やし、腸内環境を乱すため、炎症や老化の原因になることがあります。

《487》

肌の素になるタンパク質をしっかり摂りましょう。タンパク質が不足しているところに、他の栄養を摂取しても、土のないところに肥料をまくようなものです。

《488》

タンパク質を多く含む肉、魚、玉子を一日2回は食べましょう。1回の摂取量は手のひら一枚分がめやすです。肉も魚もいろいろな種類を摂るのが理想です。

《489》

甘い物の摂りすぎに注意しましょう。糖質、特に白砂糖は炎症を起こし、悪化させる原因といわれています。炎症は肌荒れ、ニキビ、シミ、シワ、たるみの元です。

《490》

甘い物が食べたくなったら、栗やクルミの入ったお菓子を選びましょう。肌にいい油オメガ3が摂れます（491参照）。

《491》
良い油を摂りましょう。おすすめは、炎症を抑える効果があるオメガ3（α-リノレン酸など）。オメガ3は、生の魚介類やクルミ、栗、エゴマ油、シソ油、インカインチオイルなどに多く含まれています。オイルは一日に小サジ1～2杯がめやすです。良い油を摂れば、乾燥はもちろん、ニキビやテカリも改善されます。

《492》
オメガ3のオイルは火を通すと効果が弱まります。食べる直前、お料理にひとふりするなど、なるべく生で摂りましょう。

《493》
色が濃い食べ物を取り入れましょう。植物の色は、紫外線などから身を守るために植物自身が作り出した抗酸化成分。肌の老化を抑える力があります。

《494》
香りの強い食べ物も抗酸化成分が豊富です。肌の抵抗力をあげ、体内で発生した毒素を排泄したりする助けになります。

《495》

生芋でできたこんにゃくを食べて、乾燥対策を。こんにゃく芋には保湿に効果のあるセラミドが含まれています。

《496》

味噌汁と甘酒、粕汁で美白をしましょう。味噌にはメラニンの生成を抑制する成分が、酒粕には美白化粧品でも使われるアルブチン、コウジ酸などが含まれます。

《497》

忙しい時のランチやおやつは、野菜ジュースとクルミ・栗、ドライフルーツをつまんで乗り切りましょう。クッキータイプのバランス栄養食やファストフード、菓子パンなどの「手軽なおやつ」には美肌の大敵、トランス脂肪酸などの油脂が使われています。

《498》

抗老化作用のある「オスモチン」を多く含む、サクランボ、キウイフルーツ、りんご、トマトを食べましょう。老化によるシワやたるみが改善します。

《499》

果物の抗酸化成分は太陽の光を浴びる皮の部分に多く含まれています。皮ごと食べられるいちごやクランベリーなどのベリー類を積極的に摂りましょう。生の果物はビタミン、ミネラル、デトックス作用のある食物繊維も含まれていて、美肌にぴったりです。

《500》

食事の前は、ちょっと遠いお店まで買い物に行ったり、階段を使ったりして、体を動かしましょう。軽く運動をすると、体が栄養を吸収する準備が整うので、肌にいい栄養素を摂ると、きちんと吸収されます。

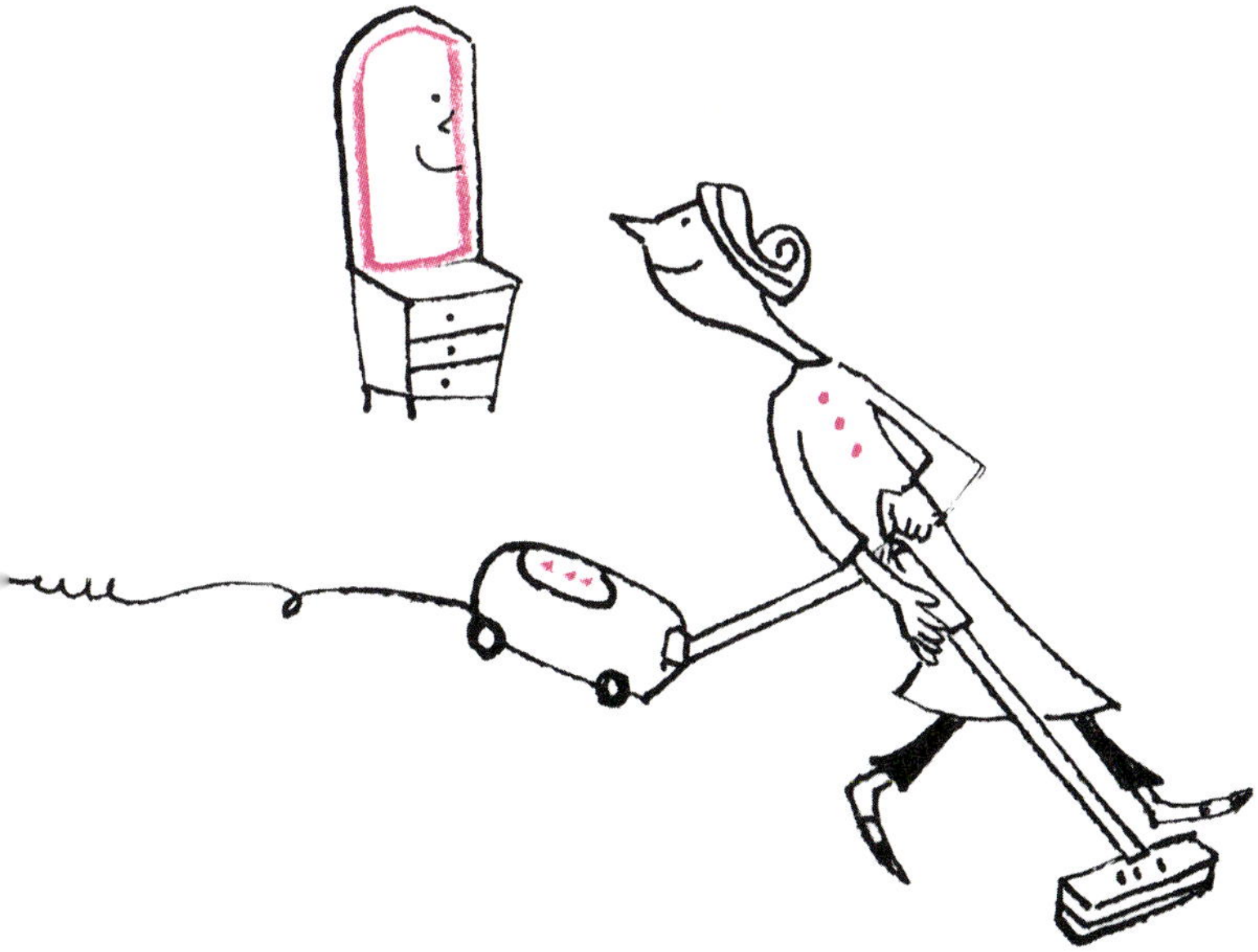

第六章　育児・しつけ１００のコツ

文　松浦弥太郎

私には約束がある。なにがあろうと、どんなことがあろうとも、夫婦がいつも仲良くしていくことに努力をしようということである。そんなの当たり前といわれれば確かにそうだ。けれども、その当たり前なことを、あえて言葉にし、約束として守っていこうと思っている。もちろん、衝突することもあるし、不機嫌になることもある。それでも互いに、いろいろとある他のなによりも、「いつも仲良く」という約束を大切にしていこうと指切りげんまんをした。それは子どもの前だけで、仲良しを装うのではなく、常に相手を思いやり、自分がなにをどう努力したらよいかを考えるということである。

約束は、娘が生まれ、子育てについて話し合った時、「無条件に安心な家庭を作りたい」と、妻が言葉にしたことがきっかけになった。「安心」という言葉を聞いた時、そうだ、と私は深くうなずいた。子どもの頃一番嬉しかったことは両親が仲良くしていることだった。一番つらかったのは両親が喧嘩をしていることだった。いわば、両親が仲良くしている姿は、子どもの私にとって大きな安心だった。子育てのあれこれよりも、まずは夫婦がいつも仲良くしている姿を見せていく。それを家訓とし、子育てとしつけの第一歩にしたいと思った。

もうひとつ意味がある。それはいつか娘も結婚するだろうけれど、結婚というものがとってもすてきでしあわせなことだと思ってもらえたら本当にうれしい。自分も早く好きな人と結婚したい、と思ってもらえたら親として本望なのである。

育児で大切なのは、
いそがない、比べない、求めないこと。
親として、どのような心もちで、
子どもと接したらいいのでしょうか。
育児が楽しくなるコツをご紹介します。

0歳～1歳半

子育ては育ち合い。
子どもと一緒に
成長しながら
信頼関係を築けば、
親子の絆が深まります。

※年齢の区切りは、目安です。

《501》
子育ての基本は「喜び」を交換することです。親が感じた喜びを子どもに伝えれば、子どもも喜びを返してくれます。子どもは自分を通して、親子で喜びを分かち合うことを望んでいるのです。

《502》
子育ては価値のある立派な仕事です。誇りをもって向き合えば、あなたにとって、なにものにも代えがたい、最高の生きがいになるはずです。

《503》
言葉を喋ることができない赤ちゃんは、泣いて訴えることしかできません。その訴えに、親が何千回でも応えてあげることで、子どもは他者と共感する力を身につけます。そして、コミュニケーションに喜びを見いだすことができるようになります。

《504》

生まれてから幼少期くらいまでに築かれた親子の信頼関係は、子どもが大きくなってからも変わることはありません。この時期に、強固な信頼関係を結ぶことが大切です。この信頼関係は、子どもの心が不安定になる思春期を迎えるときに、心強い支えとなってくれます。

《505》

まだ言葉がわからなくても、子どもにたくさん話しかけましょう。話しかければかけるほど、子どもとの繋がりが生まれ、親も孤独から癒されます。

《506》

子どもが不安を覚えて振り返ったときや、心配そうな顔をしているとき、「いつもそばにいるよ」とまなざしを向けてあげましょう。そうするだけで、子どもはなによりも心強い安心感で満たされます。安心は、健全な心の土台です。

《507》

子どもを思い切り甘やかしてあげましょう。「甘やかす」とは、物を買い与えることではなく、こうしてほしいという子どもの願望に応えてあげることです。子どもが望んでいることに、とことん応えてあげてください。やがて成長したときに、人のことを思いやり、周りの人が望んでいることに応えられるようになります。

《508》

人間は、甘え（依存）とわがまま（反抗）を繰り返しながら成長していくものです。人は十分に甘えを経験しなければ、自立することはできません。十分に甘えさせてあげることが、自立への第一歩となります。

《509》

思う存分、甘えさせているからといって、わがままに育つということはありません。際限なしに求めてくるのは、満たされていないからです。子どもの心をしっかりと満たしてあげれば、やがて自律（セルフコントロール）できるようになって、自立へと歩き出していきます。

《510》

子どもの感情が爆発して止まらなくなったら、後ろからぎゅっと抱きしめましょう。それだけで落ち着くことがあります。

《511》

幼少期の体験は、記憶に残らないものですが、心の底にはしっかりと残り続けます。

できるだけたくさん、愛情表現をしてあげてください。

《512》

体の大きさを気にしすぎないようにしましょう。標準体重や体格の平均数値はあくまでも目安にしかすぎません。大切なのは、親から見て健康であるかどうかです。体の大きい、小さいも個性です。

《513》

病気になるのは悪いことばかりではありません。病気になることで免疫がつきますし、精神的にも強くなります。病気を心配してあれこれ制限するよりも、子どもを自由に遊ばせてあげることのほうが大切です。

《514》

咳や鼻水が出たらすぐ病院に行くのではなく、子どもの状態を見きわめてください。本当につらそうにしていますか。症状が軽いのに世話の焼きすぎはよくありません。そのためにも普段から、子どもの顔色やぐずり方、元気かどうかを気にかけてください。

《515》

どんな薬にも必ず副作用があります。薬はこわいものである、ということを忘れてはいけません。大抵の病気は自然に治るものですから、必要以上に薬に頼らず、子どもに備わった自然治癒力を信じて、回復を待ってみましょう。

《516》
体のことは体が覚えます。子どもには、どんどんいろいろなことを体験させましょう。体験のなかから、自分でケガをしない方法を学んでいきます。

《517》
子どもに、家族の仲のいい姿を見せてあげましょう。その光景を見て、家族を信頼できる人間だと感じます。子どもは、信頼できる人間にしか、安心して甘えることも、反抗することもできません。

《518》
子どもの行動には、すべて意味があります。食べたものを吐き出したり、畳んだ洗濯物をつかんで散らかしたりするのも、次のステップへのトレーニングなのです。すぐに「ダメ」と叱るのではなく、寛容な気持ちで見守ってあげてください。

《519》
人見知りが始まる生後7カ月ころから、親がなにを食べているかに興味を示し始めます。親が食べているものや、食べている姿を見せて、食事は楽しいものだということを理解させましょう。そのためにも、親子でそろって食事をすることが大切なのです。

《520》
子どもはまだ、相手を思いやる能力が未熟です。「子どもはわがままなものだ」くらいの気楽な心もちで考えると、少し気持ちに余裕ができるのではないでしょうか。

《521》

子どもはなにを望んでいるのでしょうか。親の希望や願望を押しつけてはいませんか。子どもが望んでいないことまでするのは、「甘やかし」ではなく「過干渉」。子どもがやりたいと思うこと、興味をひくことを楽しめる環境をつくることが、親の役割です。

1歳半〜4歳

しつけられるよりも
親を見て多くを学ぶ。
自我が芽生えた子どもは
あなたの鏡です。

《522》
乳幼児期に自律性が育てられれば、大きくなってから怒りや衝動を自分で抑えられる人間になります。自律性を育てるには、厳しく命令するのではなく、子どものやりたいことを手伝ってあげる、という気持ちで接することが大切です。

《523》
3歳くらいになると、周りに強い興味を示し始め、「ごっこ遊び」が始まります。子どもは親の真似をし、さまざまなことを学んでいきます。子どもは想像している以上に、親のことをよく見ています。子どもは親の鏡なのです。

《524》

しつけとは、自分たちの文化を教え、伝えることです。それは決して厳しく叱ることではありません。笑顔で、やさしく教えることが大切です。

《525》

しつけで大事なことは、子どもの自尊心を傷つけないこと。そして、いつできるようになるかは、親ではなく、子どもが決めればいいということです。成長が早い遅いは一時のことです。周りのことは気にせずに、子どもの成長に合わせて見守るようにしてください。

《526》

家族がそろって食事をすることは、とても大切なことなのです。家族の食べる姿を見ながら、子どもは食器やお箸の使い方、テーブルマナーを学んでいきます。

《527》

教えたことをすぐにできることがいいというわけではありません。子どもにはそれぞれ、成長のプロセスがあります。いつかちゃんとできるように、くり返し穏やかに教えてあげます。子どもは本来、なんでも自分でしたいと思っているのです。できるようになるまで、根気強く待ちましょう。

《528》

できるまで待つことも、自律性を育てる方法のひとつです。親の思いを押しつけるのではなく、子どもの意志を尊重すれば、問題に直面したときに、自分で判断し、解決できるように育ちます。

《529》

子どもは自分でできるようになりたいと思ったときに、自ら洋服を着たり、歩き始めたり、言葉を覚え始めます。そして、それを自分ですると決めたら、その決まりを守ることも、子どもにとっては楽しみになります。

《530》

子どもができることまで手伝ってしまうのは、「甘やかし」ではなく「過干渉」です。無力感を味わわせてしまっては、子どもは成長することはできません。できることは見守り、できないことだけを手伝う、というスタンスで接することで、子どもの自律性が育ちます。

《531》

手がかからない子が、「いい子」というわけではありません。どんな子どもでも大きくなるうちに、どこかで必ず手をかけなければならないときがきます。でも、手をかけてやれるのは、ほんの短い間だけなのです。子どもが小さいうちに、思い残すこと

なく手をかけてあげましょう。

《532》

自尊心は、子どもにとって生きるための希望です。自尊心をしっかりともっている子どもは、人のことを尊重することができます。自尊心を大切に育ててあげましょう。

《533》

「○○ちゃんはできているのに、なんであなたはできないの」などと、兄弟や他の子どもと比べてはいけません。子どもの自尊心を傷つけてしまいます。「他人は他人、自分は自分」です。

《534》

子どもがひとりで服を着替えたり、靴を履いたり、片づけができたら、それがどんな小さなことであったとしても、できたことをしっかりと褒めてあげましょう。親が認めてあげることで、子どもの自尊心は大きく育ちます。

《535》

子どもは、自分でできるか、できないかがわからずにやりたがります。それは子どもなりに自尊心を大きくしたいと思っているからです。たとえ失敗をしたとしても、挑戦したことを「よくがんばったね」と褒めてあげましょう。失敗からも、自尊心を育てることができます。

《536》
失敗も大切な経験です。子どもが失敗をしたときは、叱るのではなく、「次にするときは、こうしてみようね」と、できるまでくり返し話しかけてあげましょう。何度でも、何度でも。

《537》
自尊心は、自分を信じるだけではなく、他人を信じるための力でもあります。子どもを希望で満たして、自尊心を大きく育ててあげれば、他人を思いやれる、包容力のある人間に育ってくれます。

《538》
叱るときは、子どもの自尊心を傷つけないように、気をつけてください。「これができないあなたはダメな子」という叱り方は、子どもにとってはとてもつらい言葉です。

《539》
「○○をしなさい」「○○してはいけません」と命令するよりも、「○○してみよう」「○○してね」と提案型で伝えたほうが、子どもは素直に受け入れてくれるものです。

《540》
一緒にいる時間が「長いこと」が大切なのではありません。大切なのはその密度です。共働きで、接する時間が短ければ、その短い時間を、なによりも子どものために優先してあげてください。子どもは、その喜びやうれしさ、楽しみを胸に、また明日を過ごしていくことができるのですから。

《541》

「早起き・早寝、朝ごはん」を心がけましょう。朝早く起きて朝ごはんを食べれば、昼・夕の食事もきちんと食べられ、夜は早く眠れます。規則正しい生活は規則正しい食生活の基本になります。そして、むし歯の予防にも繋がります。幼いころにきちんとした食生活を身につければ、大きくなってから乱れてしまっても、元に戻すことができます。

《542》

子どもが実体験をすることは、とても大事なことです。嫌いな食べ物があったとしても、買い物や料理を手伝うことで、興味がわいて食べるようになるものもあります。

《543》

もし嫌いな食べ物があったら、お腹が空いているときに、一番に出してあげると、意外に食べてしまうことがあります。ただ、食べ物の好き嫌いがあっても、無理に食べさせなくてもいいのです。大人と同じように、歳を重ねることで、好き嫌いも変わります。今食べられなくても、いずれ食べられるようになることがほとんどです。

《544》

食事は楽しいイベントです。家のなかだけではなく、外食や、山や川にキャンプに行ったり、買い出しから一緒にでかけたり、楽しい体験を通して食事の喜びを伝えてあげましょう。食事は楽しいものとして、子どもの記憶に刻まれます。

《545》

同じものばかりをほしがる、いわゆる「ばっかり食い」は、自我が芽生えたことの表れです。子どもの欲求を満たしてあげながら、「こんなものもあるよ」と興味の幅を広げるようにするといいでしょう。

《546》

子どもが不安に感じていることを分かち合い、そして「大丈夫」と守ってあげましょう。子どもはその安心感とともに、不安を一つひとつ克服していくのです。

《547》

子どもがねだることに構いきれず、その声を無視していませんか。無視されることは、子どもにとって叱られる以上につらい体験です。

《548》

「甘やかす」ということは、好き放題やらせることでも、放ったらかしにしておくこととも違います。大切なのは、子どもがなにかを求めたときに、すぐに助けられるように、遠くから見守るということです。

《549》

お母さんにも、お父さんにも、母性と父性の両方が備わっています。母性は無償の愛を与える力。父性はルールやマナーを教える力です。両親とも、まずは母性をもって子どもと接し、信頼関係を築きましょう。その関係ができたときに、父性の部分を出すようにしましょう。母性と父性を上手に

使い分けることが、しつけのコツでもあるのです。

《550》
子育ては不安の連続です。迷うこともたくさんあります。でも、「あなたはそのままでいいんだよ」というまなざしを子どもに向けることを、いつまでも忘れないでください。子育ての喜びは、子どもを信じる喜びでもあります。

《551》
親も人間です。ついカッとなってしまうこともあります。一時の感情で叱るのは簡単なことです。でも、手をあげる前に、厳しく叱る前に、ひと呼吸おいてみてください。子どもはまだまだ未熟なのです。

《552》
「これをしたら、あれをしてあげる」「あとでね」など、条件付きでのお願いやその場しのぎの言い訳は、使う前に、使わなくてすむ方法がないかを考えてみましょう。大人がされて嫌なことは、子どもだって嫌なことです。

《553》
子育てに悩んだら、迷わず誰かに相談してください。人に相談することは、決して恥ずかしいことではありません。親だけでする子育ては、どれだけがんばっても不完全なものです。両親や親戚だけでなく、隣近所や近くの公共機関、かかりつけのお医者さんなど、身近にいつでも相談できる人を見つけておくことも重要なことです。

《554》

「ごめんね」よりも「ありがとう」をたくさん伝えてあげましょう。たとえば、子どもを待たせてしまったとき、「待たせて、ごめんね」ではなく「待っててくれて、ありがとう」と褒めてあげてください。子どもその気持ちでうれしくなります。そして親の心も、きっと楽になるでしょう。

《555》

夫婦でお互いに、「ごくろうさま」「ありがとう」と声をかけ合いましょう。育児はとても根気のいることです。お互いに励まし合いながら、がんばっていきましょう。二人が笑顔でいることは、子育てにおいて大切なことのひとつです。

《556》

夫婦でたくさん話をして、子育ての喜びや不安、悩みを分かち合いましょう。そうすれば、四六時中お母さんが子どもと接しているとしても、肩の力がすっと抜けて、かわいがり上手になれます。夫婦の仲がいいと、子どもにもっとやさしくなれます。

《557》

がんばりすぎてはいませんか。抱え込んではいませんか。「もっとがんばらなくては」と強い思いを抱いていたり、思い詰めて周りが見えなくなっていると、子どもが発しているメッセージを読み取ることができません。ときには自分を「がんばってるね」と褒めてみましょう。

《558》

子どものことを受け入れるのと同じくらい、自分のことも受け入れましょう。望んだとおりにならなくても、それは結果でしかないのですから。

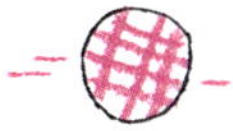

《559》

友だちや集団になじめなくても大丈夫。それはまだまだ、お母さんやお父さんと一緒にいたいからです。違和感なく集団に入れるようになるのは、4歳くらいからとも言われています。大きくなれば、否が応でも集団のなかで過ごすことになるのですから、無理になじませるのではなく、今、子どもが望んでいる、「親子の時間」を大切に過ごしましょう。

《560》

甘やかすことは大事なことですが、その一方で、「これだけは許しません」ということを示すのも、親として大事な仕事です。ときには毅然とした態度で子どもと接することも必要です。

《561》

子どもは、自分がしたことが悪いことかどうかを知っています。子どもが悪いことをしたときは、頭ごなしに叱るのではなく、本当は叱る必要はない、というくらいの気持ちで向き合うといいでしょう。

《562》
子ども同士だけではなく、その親同士も仲のいい友だちになれると、子どもは親への信頼感と相まって、友だちへの信頼感がより一層深まります。そして、もっといきいきと遊ぶようになります。家族ぐるみで仲良くできる友だちを、できるだけたくさん見つけてあげてください。

《563》
習いごとも大切かもしれませんが、遊びのなかでしか得られないものもたくさんあります。ルールを守ることの必要性や役割への責任、そして達成感。こうした倫理観や道徳性は、習いごとからはなかなか学ぶことができません。それほど、子どもにとって、遊びは大切なことなのです。

《564》
子どもの自主性や主体性は、友だちとの関係、外の世界とのかかわりのなかから学んでいくものです。周りの世界に対する好奇心が芽生えるこの時期に、自主性・主体性を育ててあげることは、将来の創造性や独創力を育むことに繋がります。幼児期後半から学童期のころは、できるだけたくさんの友だちと遊べる機会をつくって、遊ばせてあげましょう。もし、子どもがのびのび遊べる場所がないのであれば、自分の家を子どもたちに開放するのもひとつの方法です。

《565》
子どもは、信頼できる人にしかぐずりません。親の前でぐずるのは、誰よりもお母さんとお父さんのことを信頼している証なのです。その気持ちに応えてあげましょう。

《566》
喜んでいるときも、泣いているときも、そして理由がなくても、ぎゅっと抱きしめてあげましょう。どんな愛情表現よりも、思いが伝わります。

《567》
子どもがなにかをねだってきたとき、「あとでね」と言うよりも、ほんのちょっとでも「今」望みを叶えてあげてください。やることもたくさんあるでしょう。でも、「言えばいつでも話を聞いてくれる」ということは、子どもの安心感へと繋がります。

《568》
一緒に遊び、一緒に笑い、手を繋いで歩きましょう。そうした触れ合いのなかから、子どもは自然に、お風呂の入り方や食事の取り方、あいさつの仕方など、さまざまなことを学んでいきます。

《569》
どんなときも、子どもの気持ちを大切にしましょう。自分の気持ちを大切にしてもらえたと感じた子どもは、人の気持ちも大切にできる人間に育ちます。

4歳〜7歳

新しい世界と
出合った子どもが
安心して帰れる
家をつくることが
やさしさです。

《570》
声をかけることと同じくらい、子どもの話を聞いてあげましょう。いつも話を聞いてもらえるということが、子どもにとって、なによりも安心できることなのです。

《571》
「おはよう」「おやすみ」「いってきます」「いってらっしゃい」「ただいま」「おかえり」……。いつも声をかけてあげましょう。待っていてくれる、気にしてくれていると感じられることは、子どもにとってとても大切なことです。

《572》

アイデンティティは、仲間とのまじわりで育まれるものです。とくに幼児期から学童期は、質よりも量が大切です。入学後はできるだけたくさんの友だちとまじわるように、親としてサポートしましょう。

《573》

子どもをたくさん遊ばせてあげましょう。勉強ができることよりも、仲間が認めてくれることのほうが、子どもにとっては何倍もうれしいことなのです。だからこそ、遊びに価値があるのです。

《574》

遊ぶことは、子どもにとってとても大切なことです。子どものころに、子どもらしさを充分に使い切らなければ、成熟した大人になることができません。習いごとも大切かもしれませんが、子どもにとっては自由に遊ぶことも、成長するために欠かせないことなのです。

《575》

親は、「教育者」ではなく「保護者」です。なにかを教えようとするのではなく、子どもがやることを受け止め、守ってあげる。ただそれだけでいいのです。そしてできるまで待ち続ける心構えでいましょう。

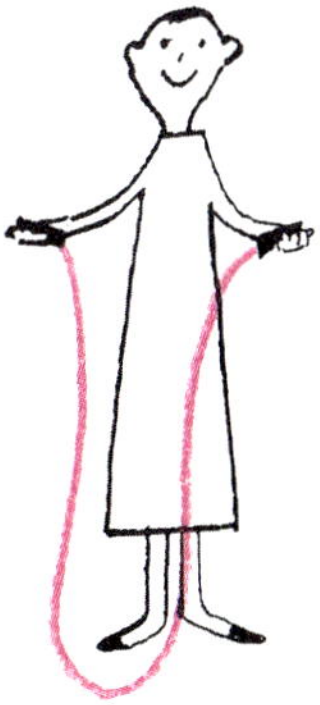

《576》

子どもが外で迷惑をかけたときは、ただ叱るのではなく、親が謝る姿を子どもに見せましょう。そのほうが自分が悪いことをしたと気づくことができます。

《577》

子どもは親が思っている以上に、外で気を遣って心が疲れています。子どもが安心して戻ってこられる安らぎの場所をつくって、待っていてあげましょう。

《578》

忙しいときは、食事をつくり置きしてもいいのです。つくり置きは決して手抜きではありません。インスタント食品や外で買ってきた惣菜よりも、手づくりの食事を囲むことが大切です。それは単に栄養の問題だけでなく、手づくりだからこそ感じられる愛情があるからです。

《579》

叱るときは、子どもの存在を否定してはいけません。もし叱らなければならないときは、ただ「ダメ」と言うのではなく、「こうすればいいんだよ」と短い言葉で具体的に伝えるだけで充分なのです。ただ感情的に叱っても、子どもには伝わりません。穏やかな子どもに育ってほしければ、親自身が穏やかにふるまうことです。

《580》

それは本当に子どものために叱っていますか。周りの目やあなた自身のために叱ってはいませんか。親の願望よりも、子どもの希望を大切にしてあげてください。

《581》

うまくいったら褒める、失敗したら叱るというように、つい育児が賞罰に傾いてしまいがちです。しかし、どちらも度がすぎると、親の顔色をうかがい、子どもが自分の判断で行動できにくくなります。子どもがのびのびできるのが、適量なのです。

7歳～12歳

思春期が近づき
不安定な子どもの心。
その気持ちに寛容に、
そして最後まで
信頼してあげましょう。

《582》

子育ては、何歳になってもやり直しがききます。もし幼いころに思い切り甘えさせていないと感じているなら、今からでも甘えさせてあげましょう。子育てに遅いということはありません。スキンシップも、恥ずかしいことではないのです。

《583》

多くの親が、約束と命令を混同しています。約束とは、子どもと親がお互いに納得したうえで決めるルールです。親だからといって、勝手に決めたルールは、約束ではなく命令でしかありません。子どもは不満でいっぱいです。子どもと話す時間をとって、納得できる約束をしましょう。子どもは理解と納得ができた約束は守ります。そして、日ごろのコミュニケーションが、もっとスムーズなものになります。

《584》
思春期が近づくと、多くの友だちとまじわるよりも、価値観を共有できる仲間を求めて、友だちを選ぶようになります。自分の友だちは、親が選ぶのではなく、自分で選ぶものです。たとえば、服装や髪形が派手な友だちができてもいいのです。親は子どもの一番の理解者になりましょう。

《585》
思春期の問題行動は、突然起こるものではありません。それは幼少期にどれだけ甘えが満たされていたのかが、大きく影響しています。子どもの声に耳を傾けてください。

もし、子どもが甘えたがるなら、思い切り甘えさせてあげましょう。

《586》
「なにが食べたい?」と聞いて、それに応えてあげることも立派な甘やかしです。思春期が近づいて、親子の会話が減ったときに、その一言が会話の糸口となる、とても大切な言葉です。

《587》
反抗は、親から早く自立したいという気持ちの表れと、親の愛情の確認作業です。子どもは、親を信じたいから反抗するのです。まず、あなたが子どもを信じましょう。

《588》

反抗は、自立のためのステップです。子どもが安心して反抗できる環境をつくってあげましょう。そのためには子どもを否定しないことです。それだけで、子どもは安心できるものです。そして、反抗を受け止められる心をもつことを心がけてください。

《589》

子どもは大好きなお母さんとお父さんのために、いつでも期待に応えようとがんばっています。「もっとがんばれ」「どうしてできないの？」と親の期待が強すぎると、子どもは疲れてしまいます。「がんばっているね」と子どものがんばりを認めるだけで、子どもはもっとがんばることができるのです。

《590》

自分のプライドよりも、子どものプライドを守れる親になってください。親子の行き違いは、大抵、世間体のために、親が自分のプライドを優先したことが原因で起こります。子どものプライドを守ることができるのは、親だけです。子どもの言い分や主張を受け入れる、懐の深さが求められます。わが子のために、プライドを捨てられる親であってください。ときには、子どもに謝ることも必要です。

《591》

子どもの不安やさみしさは、ときに怒りになって表れることがあります。それに対し

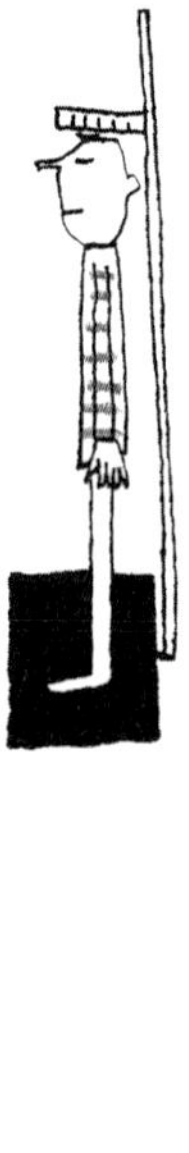

て、いらいらしたり、うろたえてしまったりすると、子どもはますます混乱してしまいます。包容力をもって、落ち着くまで、ゆっくりと待ちましょう。そして、落ち着いたときには、体だけではなく、心まで抱きしめてあげましょう。

《592》
子どもが助けを求めてきたときに、いつでも子どもが懐に飛び込めるような、寛容な気持ちで子どもを見守っていてください。その気持ちは、子どもの心に、深くしっかりと届きます。

《593》
子どもにとって親との信頼関係は、人と深くかかわるための大きな力になります。そして、他者と関係を築くなかで、自分自身と人とを比較しながら、自分の個性や人間性に気づき、自己を確立していくのです。

《594》
子どもは、親がたくさん話すことよりも、たくさん話を聞いてもらえることのほうがうれしいのです。子どもの今の気持ちを分かち合ってください。共感してもらえたと感じたら、子どものほうからどんどん話すようになります。

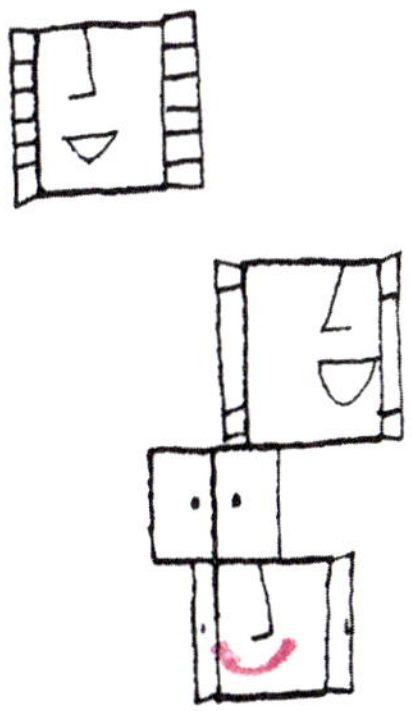

《595》

手をかけて何不自由なく育てた、と親が言うときは、得てして金銭的なことであったり、服や物などの物質的なことであったりします。しかし、それは親の一方的な思いでしかありません。手をかけるということは、「心をかける」ということです。大切なのは、子どもの心に寄り添うことです。

《596》

子どもとのコミュニケーションがうまくいかず、困ってしまったら、子どもが大好きなごはんを食卓いっぱいに並べましょう。それは、立派な愛情表現になります。

《597》

子どもの心が不安定なときこそ、「あなたをそのまま受け止めるから」という気持ちで接しましょう。そうすれば、子どもはきっとあなたのことを信頼してくれます。

《598》

大きくなったって、子どもは子ども。ときには小さな子どものように甘えてくることもあるでしょう。そんなときは、「もう小さな子どもではないのだから」と突き放すのではなく、その甘えをまるごと受け入れてあげましょう。子どもの不安定な心が、すっと楽になるはずです。

《599》

子どもは、親が本気で話を聞いてくれたときに、甘えが満たされます。話を聞くときに大切なことは、子どもがどんな思いで、なにを語ろうとしているのかを感じること。そして、純粋に興味をもってその話題を聞くということです。もし、それが自分の知らない話題であっても、じっくり聞いてください。

《600》

育児の基本は、子どもが大きくなっても変わることがありません。赤ちゃんだったころと同じように、子どもがなにを望んでいるのかを考えて接すれば、その気持ちは必ず子どもに伝わります。

600のコツのための9のコツ

《601》
仕事においても暮らしにおいても、優先順位をつけることが、ものごとを進めるコツです。そして、それを守ることです。

《602》
忘れてしまいそうな小さな約束こそ守りましょう。小さな約束ほど叶えられるとうれしいものです。

《603》
ゆっくりゆっくりでよいのです。急がずに一歩一歩、歩みましょう。急いでよいことはありません。

《604》
仕事や暮らしにおいて、自分にできる限界をちょっとだけ超えたことを、毎日ひとつ行うように心がけましょう。必ずよい結果をもたらしてくれます。

《605》
いろいろなことに好奇心を持って、もし私

だったら、と前向きな考え方をしてみましょう。その習慣は、チャンスのときにきっと役立つでしょう。

《606》

感動は私たちを美しくしてくれます。どんな小さなことでもよいのです。感動できるものやことに触れる努力をしましょう。

《607》

自分の目標や計画に対して、常に前向きに、家族や親しい友人のように忠実になりましょう。大切なことはちからを尽くすことです。

《608》

しあわせとはバランスのなかにあります。様々なことのバランスをとることがしあわせにつながります。ちょっと立ち止まって偏りに注意しましょう。

《609》

自分の暮らしのヒントを集めてみましょう。思いついたり、学んだときにメモします。元気のないとき、そのどれかひとつが、元気を与えてくれるでしょう。

『暮らしのヒント集2』（小社刊）より

【監修】

■第一章　台所仕事100のコツ
阿部絢子（生活研究家・消費生活アドバイザー）
島本美由紀（料理研究家・ラク家事アドバイザー）

■第二章　省エネ生活100のコツ
山川文子（エナジーコンシャス代表）

■第三章　冷凍・解凍100のコツ
岩崎啓子（料理研究家・管理栄養士）
島本美由紀（料理研究家・ラク家事アドバイザー）

■第四章　手芸・裁縫100のコツ
古《ふる》御《み》堂《どう》誠《せい》子《こ》（文化学園大学現代文化学部
国際ファッション研究室 室長 主任教授）

■第五章　美肌100のコツ
岡部美代治（化粧品開発者）
伊達友美（管理栄養士）
坪内利江子（皮膚科医）

■第六章　育児・しつけ100のコツ
佐々木正美（児童精神科医）
太田百合子（管理栄養士）
毛利子《たね》来《き》（小児科医）

続　暮らしを美しくするコツ609

平成二十四年十月七日　初版第一刷発行

著　者　暮しの手帖編集部
発行者　阪東宗文
発行所　暮しの手帖社　東京都新宿区北新宿一ノ三五ノ二〇
電　話　〇三・五三三八・六〇一一
印刷所　株式会社　精興社

ISBN978-4-7660-0177-8　C2077

©2012 Kurashi No Techosha
Printed in Japan

落丁・乱丁がありましたらお取り替えいたします
定価はカバーに表示してあります